小学校ものづくり10の魅力

ものづくりが子どもを変える

技術教育研究会・編

一藝社

●表紙デザイン：アトリエ・プラン

はじめに

ものをつくることは楽しいことです。ものづくりの魅力は、単に楽しいだけではありません。ものづくりは、学校の学びを豊かに広げてくれる可能性を秘めています。

私たち技術教育研究会は、全国の小学校、中学校技術科、高等学校工業科の教員と研究者・院生・学生らが集う研究会です。私たちは、日々、ものづくりの授業をする中で、子どもたちが、こちらの想像以上にさまざまなことを考え、学び、成長していく場面を目の当たりにしています。子どもたちが楽しみながら学びを広げ、大きく成長していく過程に立ち会えることは、とても幸せなことだと強く感じています。

ものづくりがもつこうした魅力を引き出すには、注目すべきポイントを押さえることと、少しの工夫が必要です。私たちは、日々の授業の経験を踏まえ、少しでも多くの人々に豊かな学びのあるものづくりの授業をつくるポイントを知ってもらい、子どもと一緒にものづくりを楽しんでほしいと願って、このブックレットをつくりました。

本書では、特に小学校におけるものづくりに焦点を当てています。小学校では、図画工作科を中心として、あらゆる教科・領域に、ものづくりのチャンスがあります。しかし、たいへん忙しい小学校の現場で、そのチャンスは十分に生かされているのでしょうか。また、ものづくりに取り組んだとしても、ただ単に、ものを完成させることで満足してはいないでしょうか。小学校のものづくりは、子どもの学ぶ姿を一変させる可能性を持っています。本書では、ものづくりで学び成長する子どもの実例を挙げながら、小学校のものづくりが持つ魅力をお伝えします。明日も学校に行きたくなるような生活を、子どもとともに創りましょう。

もくじ

第1章　ものづくりの魅力を考える

1 「だってうまくつくれないんだもの」（S子の場合）――子どもの思いを深く読み取る

私は学級担任として、4月の始めに「これからものづくりをたくさんやっていこう」と思っていました。そこで、ものづくりについて、子どもがどう思っているのか尋ねてみました。その時、S子は次のような作文を書いてくれました。

> S子はものづくりをするのはあまり好きではありません。だってうまくつくれないんだもの。でも、自由工作は好きです。なんでも自分の好きなように作れるからです。

この作文をそのまま読むと、S子は「ものをつくることは好きではない」と言っているように読み取れます。しかし、よく読むと「好きではない」とは書いているものの「嫌い」だとは書いていません。ここが大切なところだと思います。S子はものづくりには、好きな部分と好きになれない部分があることを私たちに訴えていると読み取れるのです。彼女が好きになれないのは「うまくつくれない」からだと書いています。こうやって読んでいくと、うまくつくれるようになりたいと願っている彼女の思いを読み取ることができるのではないでしょうか。さらに「自分の好きなようにつくれる」「自由工作」は好きだと書いています。この作文を丁寧に読んでいくと、S子が「自由につくっていきたいが、なかなかうまくつくれないので、ものづくりは好きになれない」という思いを持っていることがわかります。担任としては、こうした子どもの思いを引き受けて、どのような授業を展開していけばいいのかを考えました。

S子の思いは、この子ども一人だけのものではないと思いました。そこには、ものをつくって失敗したという経験を子どもがどのように捉えているかという失敗に対する子どもの見方・考え方の問題があります。S子もこれまでに失敗していやな思いをしたことがあるから、ものづくりが好きになれないという作文を書いてきたのだと思いました。失敗に対するものの見方・考え方を見直すことが、ものづくりの授業で子どもの声に耳を傾ける第一歩になると思います。

2 失敗するからこそ学ぶことができる

現実社会での製造場面では、失敗することなしに、いきなり大成功の製品をつくることができるということはまずありません。試作を繰り返して、失敗を克服しながら少しずつ不具合を直して完成させていきます。日常、教室で子どもたちと接していると、子どもたちが間違いや失敗をとてもいやがる場面に多く出会います。それは、子どもたちがこれまで正解ばかりを要求されて、間違いや失敗を克服するような学びの機会に出会ってこなかったからではないでしょうか。

ものづくりの学びで大切なことは、間違いや失敗は、犯してはならないことだと捉えるのではなく、それは学びが始まる機会になると捉え直すことだと思います。そして、子どもたちが安心して失敗できる環境や試行錯誤できる学びを保障していく授業づくりを考える必要があると思います。

私たちは、現代の学校教育の中に子どもの失敗を受け止めて、それを克服することができるような授業をつくりだしていく必要があると思います。そのためには、ものづくりの教育は欠かすことのできない大切な学びとなります。

学級にただつくる活動を取り入れるだけではなく、これまでの考え方を転換するものづくりの授業を取り入れることによって、子どもを変えていくことができると思います。それは難しいことではありません。私たち大人が、ほんの少し踏み出すだけで、大人も子どもも楽しくかつすばらしいと思えるような授業をつくりだすことができます。

3 ものづくりで自分自身のすばらしさに気づく

では、失敗を乗り越えた学びを実現した授業実践をもとに、ものづくりで育つ子どもの姿を見ていきましょう。

ものづくりには、道具が必要です。これまで、子どもにとって、ものづくりをするときに、道具は初めからそこにあるもの、他人から与えられるものでした。しかし、与えられた道具を使うだけでは道具のすばらしさに気づくことはできません。そこで、私は「道具をつくる」授業に挑んでみました。この授業では、板金2枚をつなげてはさみをつくってみました。ただ、つなげるだけでなく、はさみのしくみを知った上で、ちょっとした工夫をするとよく切れるはさみをつくることができます。はさみは、上下の刃の接点が連続的に移動することによってものを切ることがで

つくるってわくわくする

きる道具です。接点をつくるためには、刃を若干内側に曲げます。すると、上下の刃が滑らないで接する部分をつくり出すことができます。このことに気がつき、よく切れるはさみをつくる授業を4年生で展開しました。

　初めは、板金をネジで留めるだけなのでよく切れません。そのうちに、子どもたちは自分の持っているはさみを観察し始めました。すると、刃が斜めになっていることに気がつきました。ところが板金だと薄くて斜めにすることはできません。

　そうするうちに、ある子どもが、自分のつくったはさみは、たまに紙が切れると言い出しました。子どもたちは、紙を切った子どものところに集まりました。そしてその子どもがつくったはさみを観察して、あれこれと自分の気づきを口にしていました。

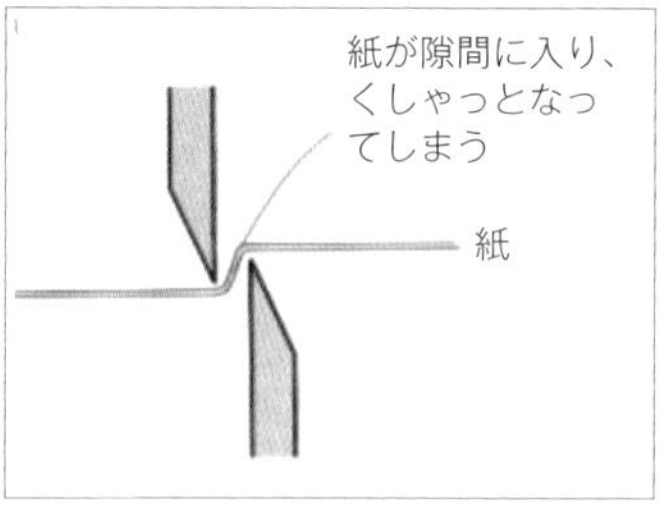

図1

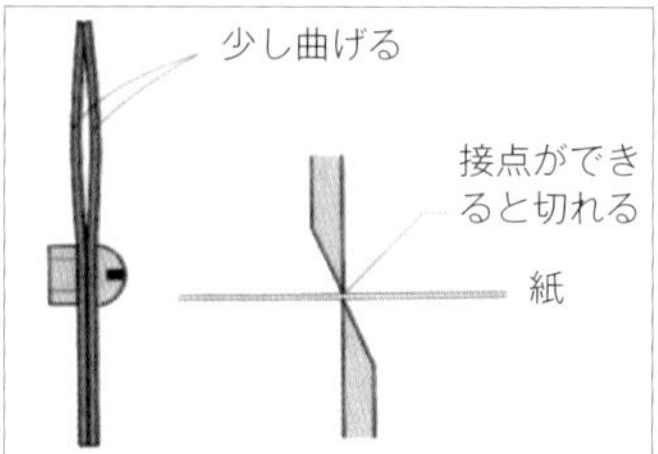

図2

「なんかネジがきちんと締められてない」

「刃が曲がってるよ」

そのうちに、はさみの刃が図2のように湾曲していることに気づきます。他の子どもが自分のはさみの刃を湾曲させてみると、サーッと紙が切れました。

「できた。このはさみは切れるよ」

子どもたちは、このようにして、はさみのしくみを学習していきました。

では、本物の道具はどのようになっているのでしょうか。この後で押し切りを見せました。すると、自分たちがつくったはさみと同じしくみが施されていることがわかりました。この授業の最後に4年生の子どもが次のような感想を書いてきました。

今日はさみをつくりました。最初わたしは、鉄板なんかではさみはできないと思っていましたが、良く切れるはさみができました。技術ってすごいと思いました。そして、それができるようになったわたしはすごいと思いました。

この子どもの感想からは、技術のすばらしさを感じ取ったとともに、「それができるようになった私はすごい」と自己肯定感を高めていることがわかります。はさみづくりによって、自分にはできないと思っていたことができるようになる喜びが、自分自身の成長を見いだすことにつながりました。子どもにとってできるようになることは、自分自身の高まりを自覚することにつながるのです。ものづくりによって、自分の成長を自覚して、自分に自信が持てるようになります。

子どもたちは、初めはよく切れるはさみをつくることができませんでした。失敗を繰り返す中で、いろいろなことに気がついていきました。そうした試行錯誤のある中で、実際にはさみをつくることによって、はさみのしくみを自分たちで発見していったのです。子どもは、失敗を乗り越えていく活動の中で、技術のすばらしさに気づきました。その上で、実際に良く切れるはさみをつくることができたという現実が、「できるようになった私はすごい」という自己肯定感につながったのではないでしょうか。子どもが自分自身のすばらしさに気がつくというのは、技術の学びの大きな価値の一つだと思います。こうした目が、自分自身だけではなく他の人にも広がると、友達の発想や学びからお互いが学び合うようになるのです。

第2章　学級集団の中で

1 子どもの心を豊かにする

　ものづくりによって、心を和ませ、心を豊かにする子どもがいます。A子は何かあるとパニックになり、ものを投げつけたり、暴れたりする子どもでした。このA子がはまった活動がものづくりでした。A子は「編む」活動に没頭することができました。「編む」は、同じ作業の単純な繰り返しとなる、単調なものです。単純な繰り返しに飽きてA子がパニックを起こすのではないかと私は考えていました。しかし、私は、A子にも飽きずに集中して取り組むことができたという体験をさせたいという願いを持っていました。教師は「この子どもにこれをさせたい」とか、「この子だから、この学びを体験させたい」というように、子ども理解と学習内容をつなげて授業づくりに取り組むことがあります。

　「編む」授業として、紙バンドでつくる籠編みに挑戦しました。私は、A子はイライラしてパニックになるだろうと予想して、お母さんに当日教室に来てもら

指を使って編む

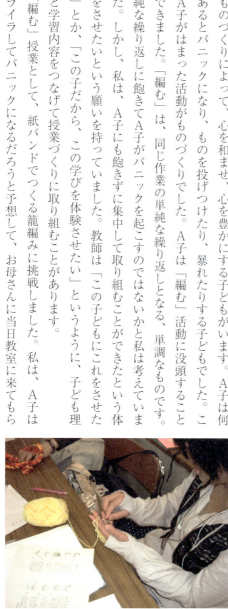

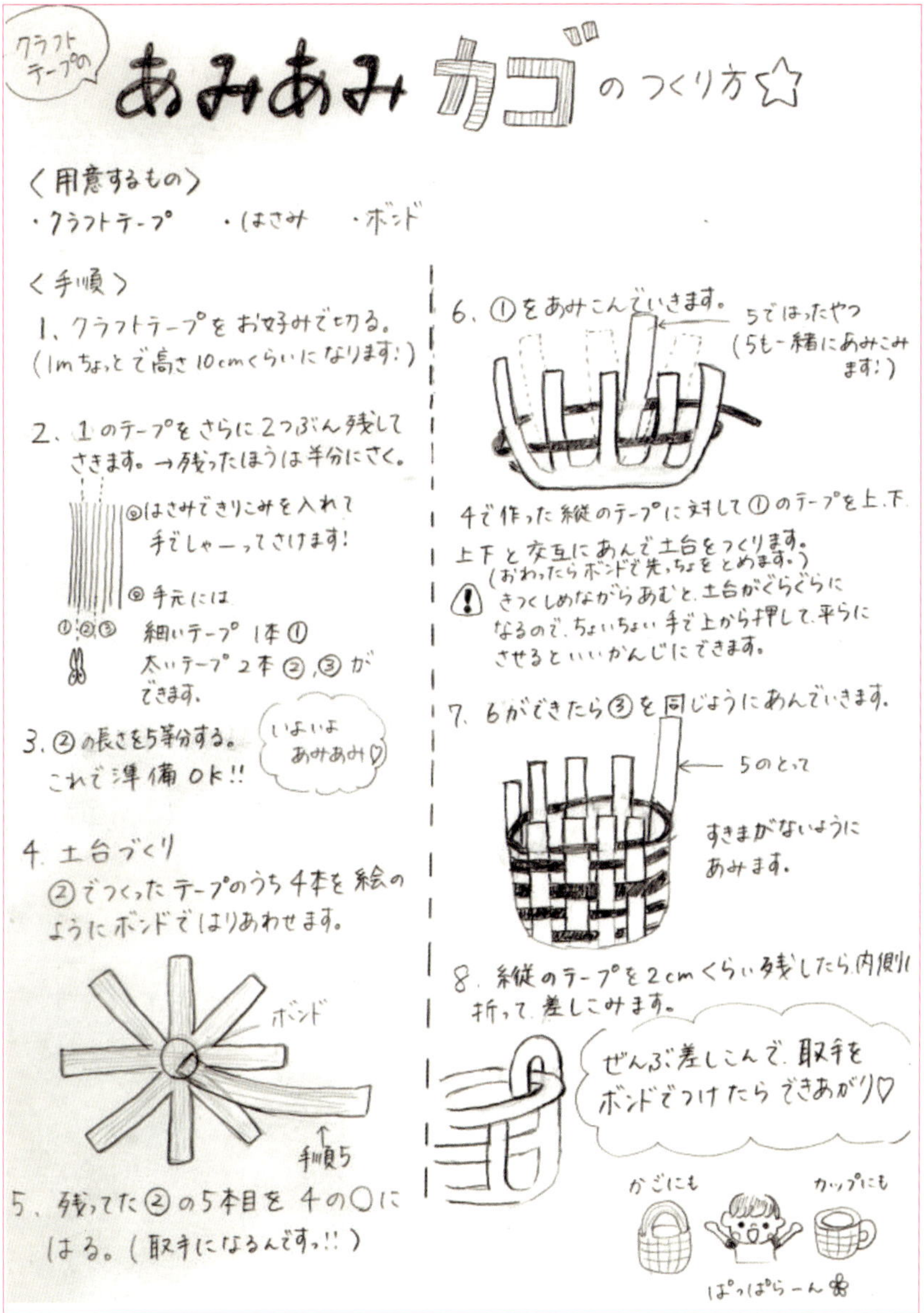

図1　あみあみかごのつくり方

うことにしました。ところが、私のこうした心配をよそに、A子は作業が始まると黙々と集中して作業に取り組んだのです。その後も、「もっと材料が欲しい」と私のところに来て、どんどん大きな籠をつくっていきました。「編む」活動を行ってから、A子のパニックは少し減っていきました。

私は、「編む」を単純な作業の繰り返しと捉えていました。ところが、子どもは違った捉え方をしていました。「編む」は、作業は単純でも、自分の活動の成果が目に見えて表れます。そこに、ものづくりの喜びを感じて、没頭する姿を見せてくれました。そのうちに、クラスの子どもたちはA子の技を認めることによって、A子を見直すようになりました。「編む」活動は、個の成長だけではなく、クラスづくりにも大きく影響したのです。ものづくりには、子どもがこれまで見せてくれなかった成長の一面を見せてくれる魅力があると思います。そして、子どもはさまざまなものづくりと出会うことで、自身の可能性を切り開き成長していくことができると思います。

難しくてもがんばる

2 学ぶ力を高める

ものづくりでは、経験や勘やコツ、芸術的センスといったその人が持つ感性や気質が大きく影響することは確かです。「私は不器用だからできない」という人が、子どもに限らず大人にもいます。その一方で、ものづくりは科学的

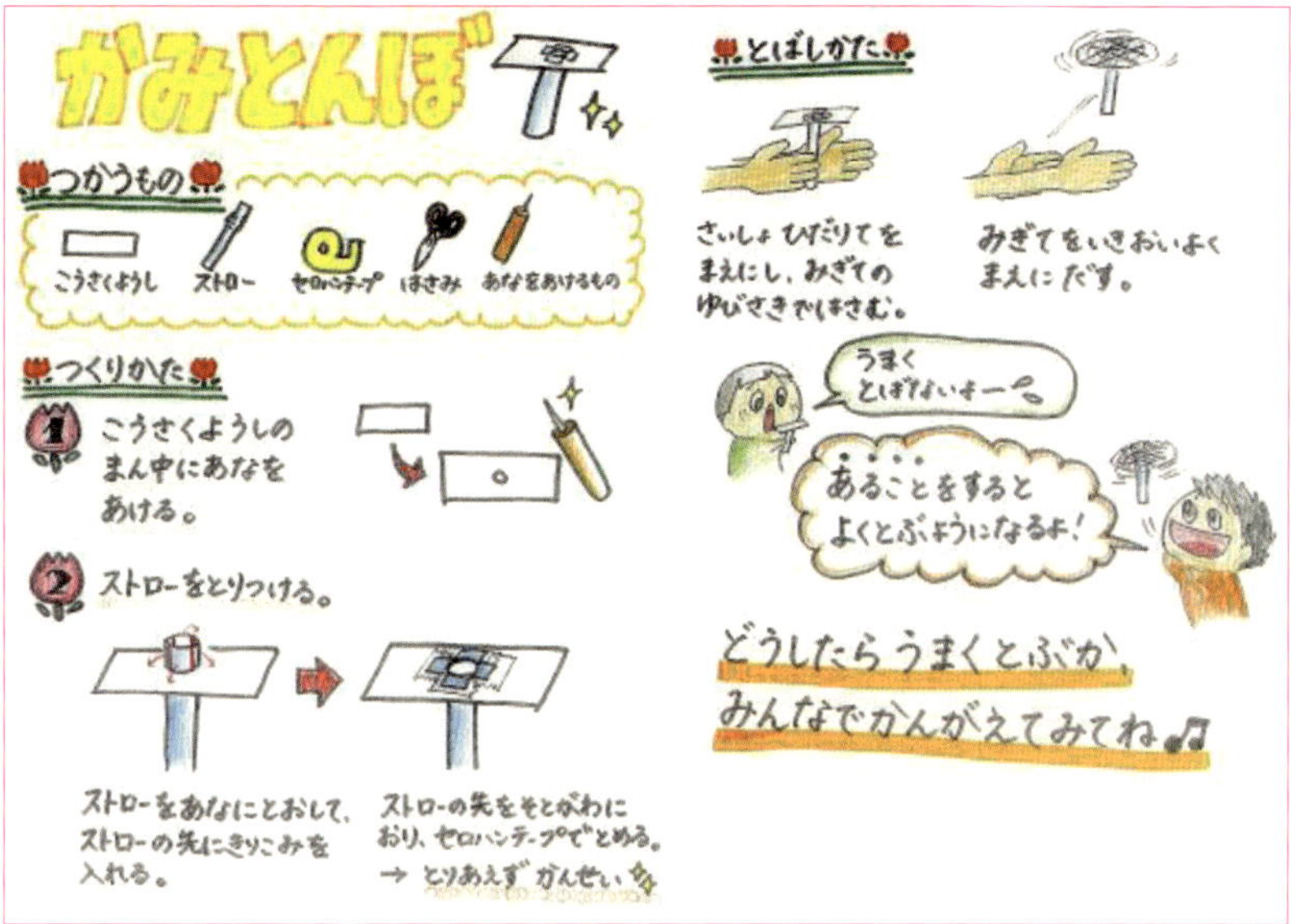

図２　紙トンボのつくり方

に迫ると誰でもがわかって、できるようになる客観的な部分を持ち合わせています。「自分は不器用だから…」とか「センスがないから…」といって臆することはありません。

知識や技能だけでできるようになるものではないのです。先生は子どもが持っている知恵を生かして取り組む必要があります。

子どもの知恵を生かして学ぶ力を実現させた実践例として「紙とんぼ」を取り上げてみましょう。「紙とんぼ」は、ストローに工作用紙でつくった羽根を取り付けるだけの単純なものです。しかし、奥が深い教材でもあります。子どもたちとつくるときには、まず、ストローに羽根を取り付けるところまで共通して教えます。そして、子どもの前で飛ばして見せます。ただ、羽根を付けただけでは飛び上がりません。そこで、子どもに隠れて少し羽根をねじります。ねじりすぎると飛ばなくなるので、適度にねじる必要があります。羽根をねじった紙とんぼを飛ばしてみると、教室の天井に届かんばかりに高く舞い上がります。これを見ると、子どもは歓声を上げて驚きます。中には「わかった」とうれしそうに叫ぶ子どもも出てきます。ここで「今、先生が何かしたら飛んだよね。何をしたのか、自分で考えてつくってごらん」と呼びかけます。すると子どもはもう夢中です。子どもはもともと、ただつくるだけではなく、こうした工夫のあるものづくりが大好きです。

私のクラスには、不器用でいつもうまくつくることができないK君がいました。この授業ではK君が大活躍しました。教室で最初にK君がつくった紙とんぼが高く舞い上がったのです。子どもたちは一斉にK君のもとに駆け寄りました。「K君、どうやったの」。K君は「わからない」と一言。もともと不器用なK君だったので、つくった時に羽根がゆがんだのでしょう。それが功をなして、適度なねじりぐあいになったのです。K君が最初に飛ばしてくれたおかげで、教室は大いに盛り上がりました。この日、K君は教室のヒーローでした。

このように、誰かが突破口を開いてくれると、子どもたちの学びはがぜん盛り上がります。あとはほうっておいても子どもたちは活動に没頭します。そうした没頭できる活動の中で、コツを発見して高く飛ばすことができるようになります。

この教材はこれだけでは足りません。ストローの先を1センチメートルほど切ると、もっと高く飛ぶようになります。ここに教材の秘密があります。

まず、ストローは直径4ミリメートルのものを用います。そして、羽根は工作用紙で縦2センチメートル、横10センチメートルに切断しておきます。これでは、羽根とストローの重さのバランスが若干合っていません。わざと合っていない状況をつくりだし、そこから改良することによって学ばせようというのがこの授業のねらいなの

もう少し

つくるの楽しいな

です。子どもは教師のねらいどおりの行動をとってくれます。羽根をねじることに加えて、ストローの端を1センチメートルほど切って短くすると、重さのバランスがぴったりになって、高く飛ばすことができるようになります。こうした授業が実現したのは、教材研究を十分に行ったからです。

　このように、紙とんぼが高く飛ぶ秘密がわかっていれば、誰でも紙とんぼを高く飛ばすことができるようになります。ただのおもちゃであった紙とんぼをりっぱな教材へと変身させることで、子どもの学びを引き出すことができます。これまでややもすれば、ものづくりはつくっておしまいで「活動はあるがそこには学びがない」という批判を浴びてきました。ただ、つくっておしまいとならないように、改良できる教材を用意したいものです。ものづくりは知恵を結集して考える総合的な能力を育成することができます。

　なお、紙トンボの材料となる径4ミリメートルのストローは、白くて1本1本袋に入っています。スーパーなどで売っているものに4ミリメートルのものがあります。袋の裏に径が書いてありますから、確かめてから買って下さい。色の付いたものは多くが5ミリメートル以上ですので、注意してください。工作用紙は市販のものでだいじょうぶです。セロハンテープは、幅が15ミリメートルのものが工作にとっては便利です。なお、セロハンテープは粘着力が強く、使い勝手がいい商品です。セロハンテープと似ているメンディングテープは粘着力が弱く、薄いので扱いが難しいです。

3 遊びの中でそれぞれの学びを広げる――「紙トンボ大会開こうよ！」

子どもたちがものづくりを気に入ったら、ものづくりによってつくったものを使って、うんと遊ばせてみると、さらに学びが広がります。教室の後ろに、材料と道具を置いて「ご自由におつくり下さい」コーナーを作っておくと、子どもが集まってきて挑戦し始めます。私のクラスでは「紙トンボ大会を開こう」ということになりました。大会となるとがぜん張り切る子どもが出てきます。いくつもいくつもつくって、毎日練習している子どもがいました。一方、気の向いたときになんとなく周りに誘われて参加する子どもや、明日大会という前日になって焦って取り組む子どもなど、さまざまな姿を見せてくれました。子どもたちは、誰もが同じように学ぶわけではありません。その子その子に応じた学び様があります。ものづくりの教材は、いったん子どもの手に移ると、それぞれの学びのスタイルに応じた展開を見せてくれます。

こうなると、ものづくりは学びというより遊びになります。ものづくりは遊びになると、より豊かに広がっていきました。紙とんぼでは、羽根の形と大きさが変わってきました。よく飛ぶように子どもたちなりに考えて挑戦していました。いろいろな形のもの、大きさの違うもの、はたまた2枚羽根や3枚羽根が現れます。そのうち、小さな紙とんぼをつくることがはやり出しました。単に小さくしただけでは飛びません。いろいろ試しているうちに、子どもはあることに気がつきました。それは、羽根の長さを短くするのではなく、縦に切って羽根の幅を狭くするといいということです。子どもたちはこれを「ダイエット」と名付けました。大きさは変えないで、重さだけを変えるからです。この方法を使うと、これまでストローを切りすぎてしまい、飛ばなくなった紙トンボを復活させることができるようになりました。ものづくりでは、つくることも大切ですが、それ以上に修理したり改良したりすることが大切です。

子どもたちは、遊びの中でそのことを見つけ出してくれたのです。こうなると、子どもの学びはぐっと深いものになりました。本当に子どもの発想力のすごさを見せつけられました。

子どもにとって、つくることと遊ぶことを結びつけるのは大切なことだと思います。ものづくりの魅力を引き出すためには、授業の中だけで終わりにしないで、その後も遊びとして続くようなものづくりの教材を開発する必要があると思います。

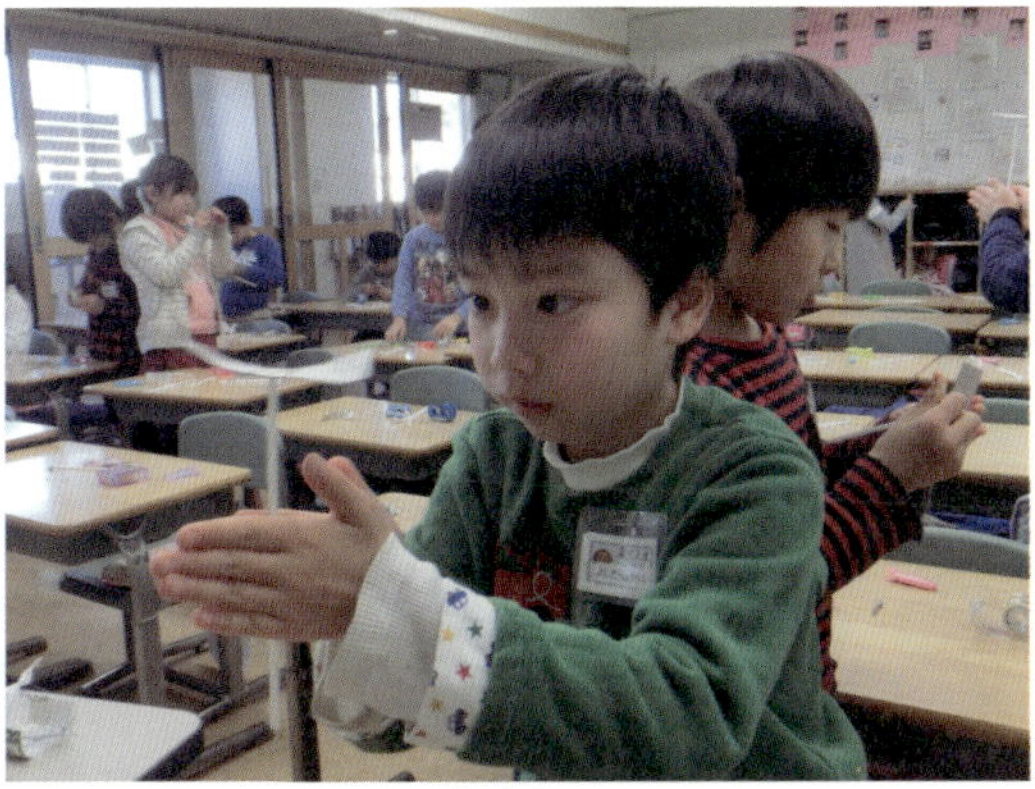
集中して

跳ぶかな？

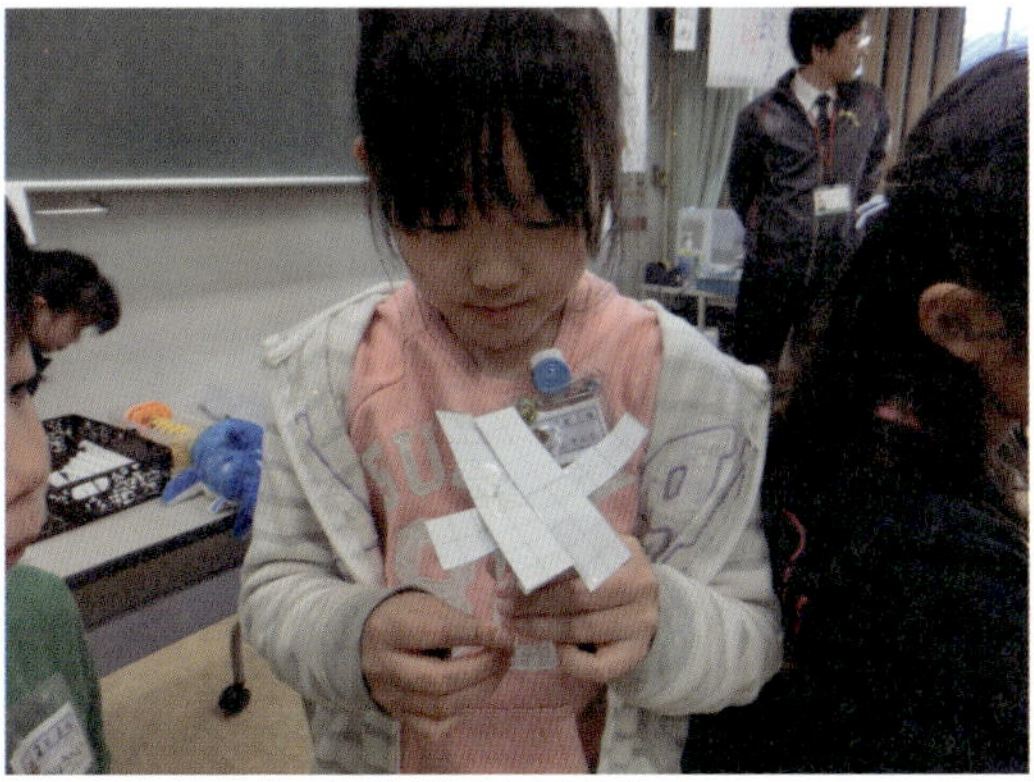
羽を増やしてみたよ

4 誰でも上手にできるようになるために

ものづくりのすばらしさや楽しさを実感するために、ここではつくって遊んで、考えてみましょう。「シューっと棒」という、振ると伸びる不思議な棒があります。よく、景品になっていたり、おもちゃとして売っていたりします。これを手づくりしてみましょう。実際に手を動かしてつくるところからやってみると、楽しさを味わうことができると思います。

① 楽しく材料を準備しよう

つくることは苦手。うまくいかない…そんな声をよく耳にします。でもだいじょうぶ。たった2つのことに気をつければ、とても上手につくれます。まずは、その秘密をシューッと棒でご紹介しましょう。

初めに模造紙に注目します。模造紙は、薄いもののほうが具合がいいです。１００円ショップで購入すると、薄いものが買えます。１００円ショップだと模造紙は袋入りになって、1袋に2本入って売っています。今回は、一人当たり2枚使うので、袋から出さずにほぼ8等分に切断します。こうすると、簡単に一人分を用意することができます。模造紙を袋ごと切断するときには、どこの学校にもある押し切りを使えば簡単に切れます。

② ちょっと丁寧に手順を考えよう

次に、ガムテープで祝い箸と模造紙を貼り付ける箇所のコツを示します。難しい部分をつくるときは、やるべき手順があります。その手順を踏まえてつくれば、簡単に、しかもきちんとつくることができます。

ものづくりの作業をする場合の原則は、安定したところで仕事をすることです。安定したところというのは机の上です。机の上にものを置いて作業するだけで、ぐっと上手につくることができるようになります。では実際にやってみましょう。
初めに、ガムテープを模造紙の幅くらいに切って、机の上にのりの面を上にして置きます。次に、このガムテープの端に祝い箸を置きます。祝い箸は太いほうを上にしておくときれいです。祝い箸はガムテープの上に置くのでくっつきます。最後に、ガムテープの残った端っこの上に模造紙の端っこを置きます。このとき、模造紙が巻いてあるほうを外側にするといいでしょう。これでガムテープに祝い箸と模造紙をきれいに貼り付けることができました。模造紙の反対側の端に、もう一つの模造紙の端を貼り付けて帯になるようにします。

このように、少し丁寧に、一つ一つ手順を追って作業をしていくと、簡単に、しかもきちんと仕上げることができます。上手につくることができる手順を教師が押さえて指導すれば、どの子もきちんとつくることができます。ものづくりは難しいことではありません。必要なやり方をきちんと身につけていれば、誰にでもできて、楽しくおもしろい活動になります。

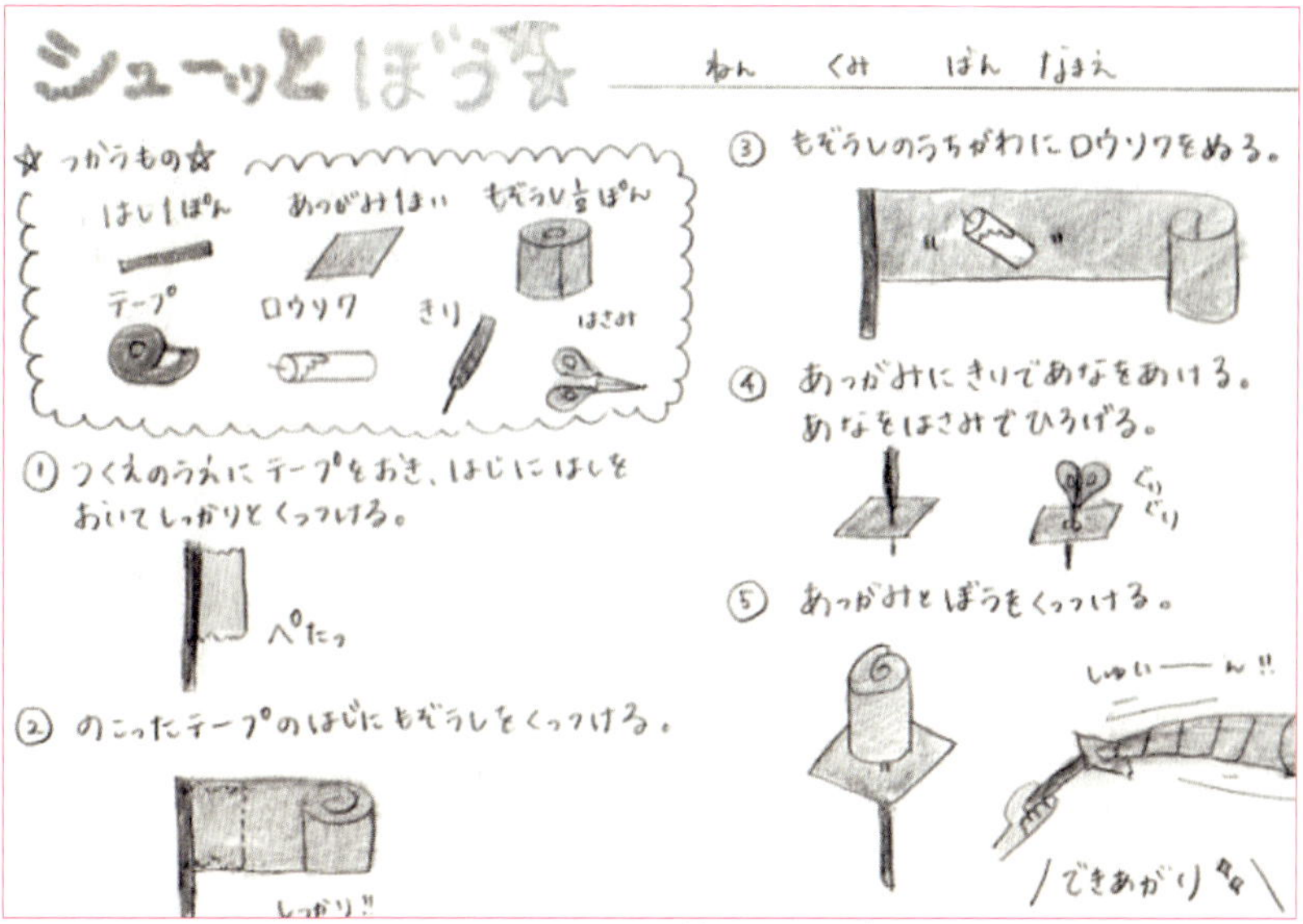

図３　シューッと棒のつくり方

第3章　教科の中で

1 「子どもと向き合いたい！」に応えるものづくり

第2章で紹介してきた実践に見られるように、ものづくりには子どもの成長を促す機会がたくさんあります。しかし、それを実際に教室で実行しようとしても時間がありません。

ところが、小学校の教育課程を見渡すと、実にたくさんのものづくりの機会があることがわかります。ごく簡単に、現在の小学校にあるものづくりを整理して表にしてみました。表1を見ると、小学校では、いろいろな教科・領域の中でものづくりが行われていることがわかります。このほかにも、文化祭や学級活動の一環としてものづくりが取り入れられている場面があります。小学校では、ものづくりをしないで学習を進めることはできないと言っても過言ではないと思います。

表１　小学校の教育課程におけるものづくりの場面

国語	小２	説明文「おもちゃをつくろう」
算数	小２～小６	図形関連教材、面積、体積ほか
理科	小３～小６	理科工作（電気と磁石、風など）
社会	小３～小６	工業、地域学習など
図工	小１～小６	工作領域全般
音楽	小１～小６	楽器づくり、音の出るもの
総合	小３～小６	生産的活動
生活	小１～小２	製作活動、飼育・栽培

2 国語科――子どもの意欲を育む学び

2年生にある「説明文を読む」単元の学習では、全ての教科書がものづくりを教材として取り入れています。この単元の課題は『手順を追って読む』ということです。ここでは『手順を追って読む』ための教材として、ものづくりがふさわしいということだけで、ものづくりが取り上げられているわけではありません。ものづくりを取り入れると、子どもたちが意欲的に学習に取り組むことができるという理由で、ものづくりが取り上げられています。

この単元で学習する内容としては、「はじめに」「つぎに」「それから」「さいごに」という「つなぎことば」で手順が示されることを学習します。さらに「はる」と「はりつける」や「はりあわせる」という派生語によって、作業内容の細かな違いを読み取ります。こうして国語の授業で、ものづくりをするわけですが、子どもにとって、読み取りができるようになることと実際につくることができるようになることには違いがあります。それは、両者の間に「技能」が介在するからです。子どもは、読み取ることができる、つまり頭でわかったつもりでいても、そのとおり手が動くわけではありません。とりわけ、現在のように、あまりものづくりの経験がない子どもが増えてきた中では、手が思うように動かないことがあります。読み取りはできているのに、つくることができないとなると、せっかく楽しいはずの授業が色あせたものになってしまいます。

そこで、どうしてそのような動作をするのかがわかるように目的を示し、動作の勘所を強調して示すと、子どもにはわかり（つくり）やすいことを発見しました。A社の教科書では、「きつつき」をつくることを課題としています。その初めに、バネのようならせんをつくる部分を紹介しています。ばねのつくり方としては、次のような写真と説明が書かれています。写真①と②に示されている作業を説明だけで行うことは難しいので、デモンストレーションで示

表２　コイルばねをつくる教材

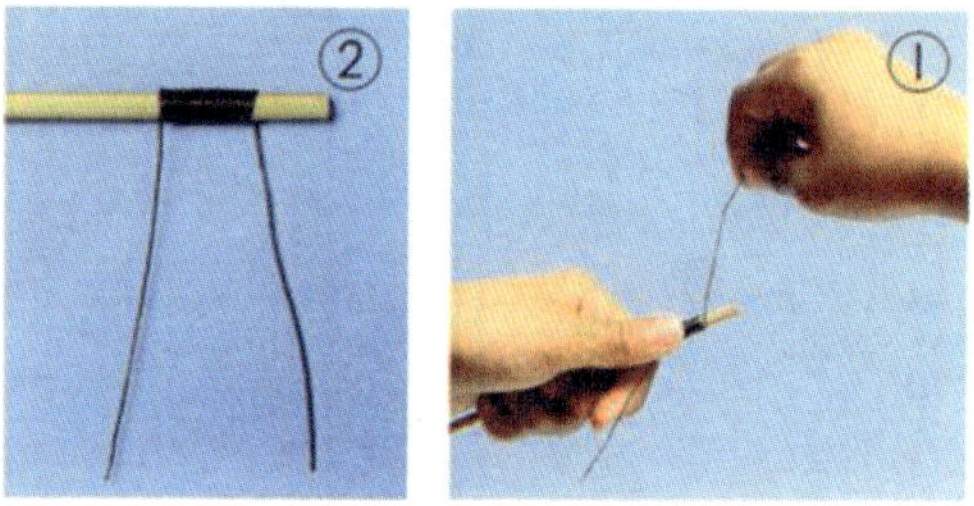

（一）　コイルばねを作る

エナメル線をつかって、コイルばねを作りましょう。

はじめに、上の①のしゃしんのように、エナメル線を竹ひごにまきつけます。すきまがないように、きつくまきます。この時、エナメル線のはしを、五、六センチメートルぐらいのこしておきます。こうして②のように、一センチメートルぐらいのコイルを作ります。

（出典：教育出版『ひろがることば　小学国語2下』78ページ）

しました。

目的としては、エナメル線を曲げて、ばねとして機能するものをつくることです。そのため、デモンストレーションでは、ばねの威力を見せます。ここでは、「すきまがないように」つくることが要求されていますので、その表現のとおり「すきまがないように」つくったばねと、逆に「すきまがある伸びた状態のばね」をつくって見せました。これらに力を加えて、その機能の違いを示します。つくったばねに力を加えて、その力を離すと、すきまがないばねは、勢いよく元の長さに戻ろうとしますが、すきまがあるばねはあまり戻りません。こうした違いを目の当たりにして、「すきまがないように」ばねをつくることの大切さがわかりました。子どもは何のために「すきまがないように」つくらなければならないのかを理解することができると、自分自身から進んで丁寧につくるようになりました。

次に、勘所の強調について考えてみます。小学校のものづくりの授業でいう勘所というのは、子どもにとってわかりにくい箇所になります。実際に授業をしてみると、「5、6センチメートルぐらい」という表現に多くの子どもたち

ここをこうやって…

がつまずきました。小学校2年生の子どもにとって「ぐらい」というあいまいな表現は十分に理解できない場合があります。ここでは勘所を説明するために、長すぎた場合と短すぎた場合をつくって見せました。長すぎたにせよ、短すぎたにせよ失敗した場合を見せられると、子どもはどうすればいいのかという判断を自分ですることができるようになりました。そうなると、教師のところに確かめに来るのではなく、自分たちで作業を進めることができるようになりました。

このように、ものづくりを取り入れることによって、子どもが進んで学ぶようになる国語の授業をつくり出すことができました。ものづくりの知識を取り入れて、授業をつくっていけば、子どもが意欲的に取り組めるようになり、手順を読み取り、見通しを持って活動することができるようになりました。

3 算数科――実物を扱う実感のある学び

算数の領域構成は、学習指導要領によれば、「数と計算」「量と測定」「図形」および「数量関係」となっています。算数ではどの領域においても、その意味や性質といった抽象的な内容を扱います。そのため、子どもが「実感をもって理解する」ことが難しく、現実との関わりが見えなくなってしまいがちになるという弱点があります。そうした課題を克服するために、これまで算数では、実物を扱いながら学ぶことで、実感のある学びを形成できることが確かめられてきました。

例えば、体積について学ぶ場面で考えてみましょう。体積の学習には、形は異なっていても体積が同じものがあるということをわからせるという課題があります。その課題を学習する場面では、実際に何かをつくってみると、子どもたちにとってわかりやすい授業を展開することができます。実際につくって学ぶ例を挙げて考えてみましょう。この5年生の授業では、小麦粉粘土でつくったウサギとカメを比べて、「どちらが大きいでしょう」「どうやって比べればいいでしょう」という発問をします。子どもからは「重さを量る」や「水に入れて、あふれた水の量をはかる」というような回答が出ます。ところが、「でも水に入れると溶けちゃうよ」という子どもが出てきました。こうした自分の持っている知識で解決できる方法以外の方法が必要な場面では、生活的な知恵が生かされてきます。そうなると、授業の議論がぐっとおもしろくなります。最終的には「粘土だから、つぶして同じ形にすればいい。余ったほうが大きい」という結論になり、やってみることになりました。実際にやってみると、2つとも同じ体積であることがわかりました。こうした実感のある学びを経させないで授業をすると、子どもにとっては、「体積は、縦×横×高さという計算をすると答えが出る」といった数の操作の学習にすぎないものになってしまいます。

粘土でつくったウサギとカメ

実感を伴った学びは、現実世界とつながる学びを生み出します。小学校では、現実世界とつながる学びの場面は、算数の他にもたくさんあります。その一つが社会科です。社会科でも、現実社会との関わりを大切にするために、ものづくりが取り入れられています。

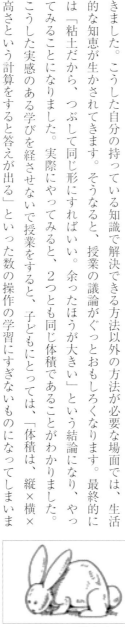

4 社会科――現実社会とつながる学び

社会科では、産業学習の一環として、製鉄所等の工場見学に行くことがあります。製鉄所で一番子どもの心に残る場面は、真っ赤に焼けた鉄板を伸ばす圧延工程です。真っ赤に焼けた鉄板が出てきたときの熱さ、そしてそれが何度もローラーで伸ばされて伸びていく工程は迫力満点です。子どもたちはその迫力に目を奪われます。しかし、鉄を加熱して伸ばすというのがどういう仕事なのかを理解していないので、「すごいなぁ」という印象だけで学習が終わってしまいます。せっかく工場に出かけて「すごいなぁ」という印象だけで終わってしまってはもったいないです。また、こうした体験をしているにもかかわらず、「理工系離れ」という現象が生まれるのは残念です。

ところが、工場見学に行く前に、こうした圧延工程と同じような作業を体験しているとどうでしょうか。そう考えて、5年生に鉄を加熱して伸ばす作業を体験させてみることにしました。ここでは5寸釘を加熱して、たたいてナイフを作る授業を行いました。そうした活動の後に工場見学に行くと、次のような感想が出ました。

ＪＦＥスチール㈱東日本製鉄所（千葉地区）第３熱間圧延工場

学校の社会科見学で製鉄所に行きました。僕たちがハンマーでたたいていたのとおなじように鉄を伸ばしていましたが、その規模がすごく大きいのでおどろきました。あれだけの鉄を伸ばす装置をつくった工場の人はすごいとおもいました。そして、そのローラーを取り替える仕事は、人がやっていることを聞いて、こんなおおきな工場でも必ず人の手でつくられていることを知って、人の力はほんとうにすごいとおもいました。ぼくもおとなになったらすごい仕事をしたいなと思います。

この子どもの作文には技術のすばらしさだけではなく、それを支える人のすばらしさが書かれています。社会科で大切なことは、社会を支えるしくみを知るとともに、その背景に必ず人の労働があるという人と社会の関係を学ぶということだと思います。

ものづくりの体験によって、教室で学んだことと現実の社会で起こっていることを関連づけることができます。こうした学びは、子どもが将来働くことへの意識の形成であるキャリア教育にもつながります。子どもたちは、学校で学んだことが現実の社会とどうつながっているのかを知りたがっています。

5 理科――失敗や間違いを繰り返しながら学ぶ

かつて人々は、天動説を正しいと信じていました。昔の人は、地球が中心で天空が回っていると考えていたのです。

みんなで楽しむ

しかし、それは事実ではないことが、星の動きを観察することで証明されるようになってきました。そして、長い年月をかけて、地動説が正しいことが認められてきました。私たちが学校で学ぶことは、こうした成果の部分です。小学生の中には、こうした生活上の誤謬を信じている素朴な認識を持っている子どもがいます。このような子どもに科学の成果を教えるだけで、本当に学ぶことができると言えるのでしょうか。

こうした問題意識から、理科の燃焼の単元に歴史的な要素を取り入れたものづくりの授業をつくって実践してみました。一部の子どもは、ものが燃えるということは、酸素との結合だということを塾などで習っているので、知っています。しかし、それは言葉の上だけのことで、生活上で起こる出来事を説明するまでには至りません。そこで、燃焼について人々が長年信じていた「フロギストン説」をあえて教えることで、酸素説を学ばせようと考えました。

できたよ！

「フロギストン説」というのは、物質の中には「フロギストン（燃素）」という物が燃える素が入っており、これが熱で出て行くことを燃焼と考えるというものです。紙は燃えやすく、石は燃えにくいというように、物質には燃えやすいものと燃えにくいものがあるのは、物質の中に入っている「フロギストン」の量に差があるからだと説明します。この考え方で、多くの物質の燃焼が説明できてしまいます。

「フロギストン説」を展開した次の時間に、ラヴォアジエの話をしました。ラヴォアジエは、燃焼という現象のしくみを精密な測定によって明らかにしていきました。それは、ラヴォアジエの努力と発想もさることながら、測定技術が発達したからこそできるようになったのだということを子どもに話しました。スチールウールを燃やしてみると、燃やす前より燃やした後のほうが重くなってしまいます。これは、これまで教科書でも取り組まれてきた理科の定番とも言える実験です。同様に、木材も酸素と結合しているのですが、二酸化炭素として空気中に出て行くものと、燃焼によって出て行く水分が多いために軽くなることをモデルで説明しました。

一般的に、授業では正しいとされていることだけを教えます。それは授業が子どもたちに正しい認識を得させることを目標としているからです。ところが、私たち人間は歴史の中で、失敗や間違いを繰り返して正しい認識に到達していきます。子どもの学びも同様に、失敗や間違いを繰り返しながら、正しい認識に到達するのではないでしょうか。

ものづくりでは、つくってみて、不具合を修正することを繰り返す中で、一定の機能を発揮するものをつくりあげていきます。ものづくりは、実際につくることができなければ実現しません。ものづくりで製品を現実の物とするためには、一つのことだけを知っていてもできません。ものづくりには、ものづくり固有の総合性があります。小学校の教育課程の中で、ものづくりの総合性を学ぶことができるのは、生活科と「総合的な学習の時間」です。次に、生活科ならびに「総合的な学習の時間」のものづくりを見ていくことで、ものづくり固有の総合性について考えていきましょう。

6 生活科――遊びにつながるものづくり

生活科では、これまでも、遊びにつながるものづくりが行われてきました。子どもたちが、教室に持ち込んできたドングリを使って、ドングリゴマややじ

できたよ！

ろべぇをつくったりしています。子どもたちは、つくることそのものに、とても興味を持って取り組みますが、ただつくるだけでは満足しません。ドングリゴマなら、もっと長く回したい、もっときれいに回したいという願いを持つようになります。こうした願いに応えて、よりよく回るドングリゴマづくりを追求するのが生活科のものづくりです。

生活科は、子どもの願いに応えるように、子どもの活動を「支援」するということになっています。ところが、どうすればドングリゴマがよく回るようになるのかということは、子どもの試行錯誤だけでは到達することができません。でも、「こうするといいよ」と教師が解答を用意するというものでもありません。子どもが気づくように、子どもを活動へと誘うのです。

ドングリゴマの授業では、長く回るコマをつくった子どものものをみんなで見ました。子どもたちは集まってきて、まさに、目を皿のようにして興味津々で見つめています。何も言わなくても「わかった！」という声が上がります。「軸の先が磨いてある」「先が短いよ」「回すときの指先がすごい」…子どもはいろいろな発言をします。しかし、そのままではわからない表現もあります。

そこで、教師が尋ねます。「指先がすごいって、どうすごいの」。

すると子どもは「力が入ってる感じがする」。

「本人に聞いてみようね」。

「そんなに力入れてないけど、回すときにエイって感じでやってるよ」。

「なるほど、一瞬力を入れるということだね」というように対話ができます。

このように、教師は子どもの言いたいことを引き出す対話を生み出す役割をします。ものづくりでは、実物があるので実物を見せて、そこから子ども

とれるよ！

に考えさせるというやり方もあるでしょう。しかし、それだけでは、低学年の子どもにはわからないこともあります。

教師は、事実を子どもに見えやすくする演出と、それを言葉として取り出すための対話をつくっていかなければ、低学年の子どもの学びを十分に形成することはできません。これはけっこう難しいことです。経験と、子どもをよく見る目が必要になります。でも、あきらめることはありません。少しずつでもいいので、挑戦していきましょう。何度も失敗していくうちに、子どもが教師のように「○○ということだね」と言い、説明に使う言葉の選び方を教えてくれるようになります。そして、数か月過ごしていると、子どものほうが先生の指導のスタイルに合わせていっしょに考えることを楽しんでくれます。こうなると毎時間の授業が教師にとっても子どもにとっても、とても楽しいものになります。今日は何が飛び出してくるのか、とワクワクしながら教室に向かう日々となります。

生活科のものづくりでは、こうした遊びと結びついた子どもの「もっと○○したい」という願いに基づいて、つくったものの機能を向上させる改良を行う活動に学びを見いだすことができます。

ドキドキしながら

7 総合的な学習の時間――問題解決に至る「横串の力」を培う学び

「総合的な学習の時間」は、総合的に学ぶという学び方を大事にしています。そのため学習指導要領では、教科横断的な内容を取り上げて学ぶように目標が設定されています。その事例の一つに「生産的活動」というのがあります。

これはまさに、ものづくりのことを指しています。ここで挙げられている「生産的活動」は、これまで見てきたような教科の中で実施されているものづくりとは違います。では、総合的な学習の時間のものづくりとは、どのようなものを指すのでしょうか。実践例を通して具体的に考えてみましょう。

この実践は、5年生の学年共通のテーマを「食から見える現代の日本」とした上で、どのような食材を切り口にするかということはクラスごとに決めていいことにしてスタートしました。私のクラスでは、取り上げる食材を「大豆に関するもの」としました。

初めに大豆でできた食品にはどのようなものがあるのかを考えました。子どもから出てきたものは、そのままゆでて食べる枝豆や、いって食べる節分の豆、豆を使った加工食品としての豆腐、納豆、醤油など、大豆スナックやうぐいすあんなどのお菓子までが挙げられました。現在を生きる子どもたちの多くは、毎日食べている食品が何からできているかを知らない、また、興味や関心を持たないでいます。枝豆は大豆が熟する前に収穫したものであることも、多くの子どもが知りませんでした。

次に、クラスで大豆を栽培することにしました。そこでは、各班が同じ大きさのプランターを用意して、その中で最大収穫量を目指して栽培しました。とにかく、たくさん植えればたくさんとれると予想して、プランター内に種豆を数多く植える班、種の袋の裏を見て、そこに書いてあるとおりにきちょうめんに植えていく班などいろいろです。最大収穫量を目指して、肥料の問題も考えさせました。元肥や追肥を考えている班、ハイポネックスという液体肥料を毎日まく水の中に仕組むことにした班など、これもさまざまでした。

丁寧に観察する

こうした栽培活動と並行して、できた大豆で何をつくろうかということを話し合いました。このとき、クラスの意見が一つにまとまらなかったので、クラスで3つのものをつくることにしました。さらに、大豆でつくった製品を秋にある学園祭で販売することにしました。

私は、3つのグループに分かれてつくるだけでは学習にならないと考えて、それぞれのグループを「会社」に見立てて組織させることにしました。まず、子どもたちは、会社というのがどのようなしくみになっているのかを調べました。株式会社は株券を発行して、それを元に運営資金をつくっていることを子どもたちは突き止めました。これに見習って、クラスの中でも各社の株券を発行しました。ただし、株券は大銀行である教師が買い上げます。最初は、3社に同じ金額で株券を発行させて、同じ金額で買い上げました。会社が活動して、その活動が意義あるものであるとクラスのみんなが認めたら、さらに追加して株券を発行することができるというシステムにしました。大銀行は、会社が必要とする時に、会社が持っている株券を買い上げます。つまり、株券は現金と交換できるというシステムです。子どもたちは、大銀行から株券と引き替えにもらった現金を元手に、さらにもっと新しい活動に取り組みます。運営資金が必要な時に、株券を保有していないと大銀行から融資を受けることができず、活動が滞ってしまいます。そのためにも、各社は常にクラスのみんなに認めてもらえる活動を行い、株券を保有しておく必要があります。

こうすることで、子どもたちはとても意欲的、かつ計画的に活動を行うとともに、資金繰りを行うようになりまし

じっくり取り組む

た。設立した会社は「豆腐株式会社」（本物の豆腐をつくって豆腐の味噌汁を製品として販売する）、「ワクドナルド」（大豆ハンバーガーをつくってそれを製品として販売する）、「大豆スナック」（大豆スナックをつくって、それを製品として販売する）でした。

「大豆スナック」は、まずは会社のメンバーの役割分担から始めました。社長を決めて、その他に営業部、宣伝部、商品開発部、秘書課、総務部をつくっていきました。ちなみに、経理は秘書課の仕事です。このように役割分担をして、その役割を担った者が部長とか課長となります。ちなみに、平社員はいません。全員が部長か課長でした。最初に動き出したのが営業部です。営業部では、学園祭で販売するものは売れなければ話にならないと考えて、３、４年生に、大豆食品で食べたいものをアンケートによって調査しました。その結果、1位だったのが「大豆スナック」です。そこで、この会社は大豆スナックを製造・販売することにしました。

次に、「宣伝部」がこれを受けて活動しました。宣伝部では色の付いていないビラを学校中に配り、ビラの塗り絵コンクールを実施しました。カラー印刷はできないと断られたことを逆手にとっての活動でした。この活動のおかげで、「大豆スナック」

力比べ実験

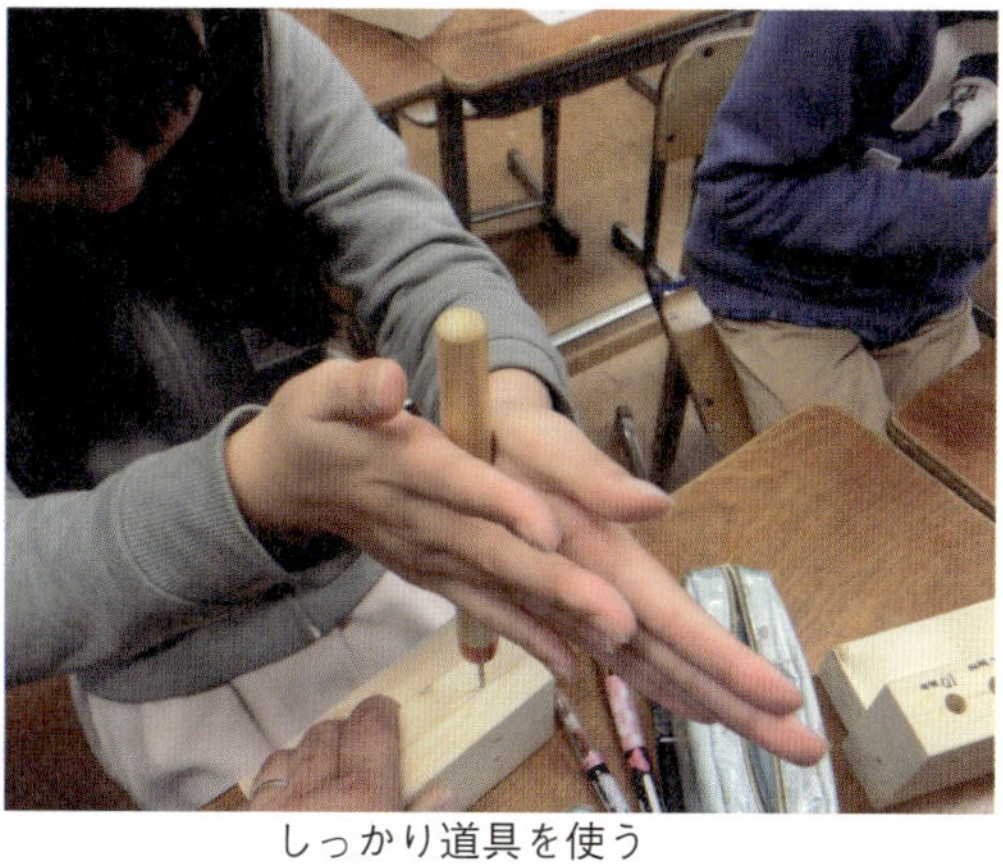

しっかり道具を使う

は学校中で一躍有名になりました。すでに販売する前から評判となる状況をつくりだしたのです。これは、いわゆるマーケティング・リサーチを実施したということになると思います。こうして製品は評判になったのですが、肝心の製品ができない。

商品開発部はおおわらわです。大豆スナックの製法を見つけようと調べるのですが、わからない。実際に菓子メーカーに電話しても、取り合ってもらえません。毎日のように、学校の公衆電話であちこちに聞いていました。そのうち一軒の会社が、工場見学を許可してくれました。子どもたちは、これでスナックの製造方法がわかると大喜びです。土曜日に意気揚々と出かけていきました。ところが、実際の工場で一番肝心な大豆スナックの製造方法について質問すると、「企業秘密です」という回答。全員、がくぜんとして帰ってきました。でも、子どもたちはあきらめません。今度は大豆スナックを買い集めて、食べたり砕いたり、水に入れたりと思いつくままに実験していました。その時、子どもたちが気づいたことは、いずれのスナック菓子からも油が出てくることでした。油で揚げるというのがどうも製造方法に入っているらしいことを突き止めました。そこで、餃子の皮に大豆のつぶしたものを入れて包み、揚げてみると、これがけっこう大豆の味がしておいしい。これでいこうということになりました。

これはクラスでも大評判となり、一気に株券が増えました。秘書課の試算では、かなりの売れ行きが見込めます。そうなると、製品が一種類というのでは持たないだろうということになりました。一種類の製品ではすぐに売り切れてしまうだろうというのです。そこで、いくつかのバリエーションをつくることになりました。商品開発部では、大豆の粉に合わせて、コーンスープの粉を入れて「コーンスープ味」としたり、だしの素を入れて「和風味」としたりと新商品の開発を行っていました。

このように大豆スナックをつくるにしても、自分たちで自分たちなりのやり方を追求して、何度も試作を繰り返して完成させていきました。こうした製品づくり活動と、調査をしたり、資金繰りをしたり、宣伝をしたりとさまざまな活動とが絡み合いながら、総合的な学びを形成することができたと思います。「総合的な学習の時間」では、ものづくりの学びがただつくるだけでとどまるのではなく、つくることにまつわるさまざまな学びと広くかつ深く絡み合いながら自分たちの学びを形成していくことができました。

生活科・総合的学習で深まるテーマ

生活科・総合的学習では、ある課題を基にその解決に向けて活動するという学びが進められることがあります。その際、子どもの学びを深めることができるテーマと、そうでないテーマがあります。では、子どもの学びを深めることができるテーマとは何でしょうか。以下に例を挙げてみます。

生活科のテーマ例

①大きなカブを育てよう！

一定のプランターの中でできるだけ大きなカブを育てるためには、どうすればいいだろうか？を考えて、土づくり、肥料の施肥、置く場所、水やりなどを子どもたちで考えて実行するプラン。

②つくって遊ぼう！

おもちゃをつくって、それでより楽しく遊ぶために、おもちゃを改造しよう。ストローでつくるとか、牛乳パックでつくるというように材料を決めたり、音が鳴るもの、飛ぶもの、走るものというように機能で統一すると、子どもの学びが焦点化する。

総合的学習のテーマ例

日常にあるなんでもないものを違った視点で見つめてみることで、そのものの本質を見るというのが総合的学習です。そのためには、日常の生活にある素材を見直す視点を持って、テーマを設定する必要があります。

①蚕を育ててランプシェードをつくろう！

蚕を育てて蚕のつくった繭でランプシェードをつくる。飼育から糸取り技術、産業まで幅広く学べ、ものづくりもできる。

②豆腐から見える加工食品

店で売っている豆腐を食べ比べ、値段が高い順に並べる。その活動を通して、成分や製品名を見て、加工食品を知ることができる。

③お米を食べて考えよう

玄米、白米、胚芽米を食べて、ふだん食べているお米について考える。ふだん食べているお米を見直すことで、食について考える。

第4章　図画工作科で広がる学びの可能性

1 図画工作科・工作領域の子どもにとっての意義

子どもたちは工作に楽しんで取り組みます。ものをつくる活動が極めて少なくなっている現在、工作は道具を使うことの楽しさを、五感を通して知る貴重な機会となっています。そして、道具を使えるようになったことで、木のおもちゃや本立てなど、「できそうだ」「やってみたい」と思う世界が広がっていきます。また、身の周りにある土から粘土を取り出し、その粘土で焼き物を焼く経験をすると、運動場の土などどんな土にも粘土があるはずだと、目に見えないものが洞察によって見えるようになり、そういう意味でも子どもたちの世界が広がっていきます。

では、工作の授業で子どもたちはどのようなことを学び、どのように変わったのか、代表的な教材で具体的に見ていくことにしましょう。

手伝いを買って出る

2 ビー玉ゲーム盤（4年生）

（1） 本教材の意義

図画工作科の検定済教科書で木を使った製作は3年生からあり、教科書の改訂があってもカナヅチ・ノコギリなど木工作の基本的な道具の使用を6年生まで経験することは共通しています。

日本文教出版版のビー玉ゲーム盤（27年度版）でも多数のクギ打ちが経験でき、クギ打ちの楽しさを味わうとともにクギを打つことに自信を持つようになります。さらに、木の枠をつけるタイプのものをつくるなら、さらに多くの木工作の基礎・基本が学べ、つくりたいものをつくる力が身につきます。

（2） 取り組み

① 材料は長いままで

周辺を囲む材木は長いまま、切らずに渡しました。板の厚さと角の組み合わせ方を考えさせるためです。6年生の工作で家具を作る題材に取り組む際、多くの子どもたちが板の厚さを考慮できないことで困難に出会っていますから、この経験は大切です。

② 盤面を囲む部材を作る

・図を描く

盤面を上から見た図を、サンプルを見ないで描かせると、図1・

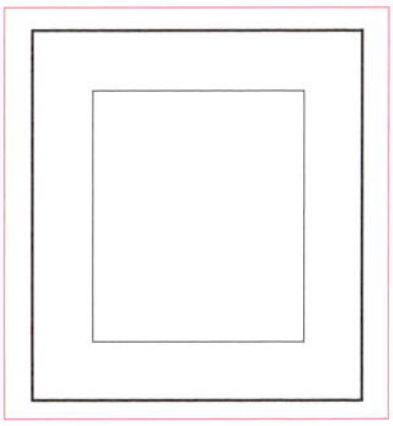

図1　角なし

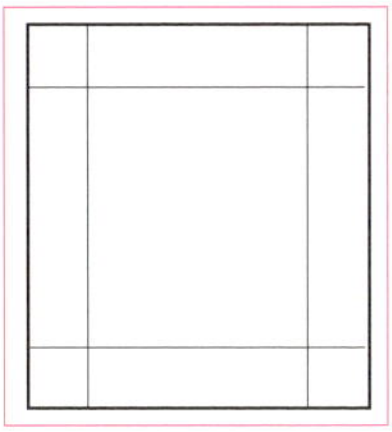

図2　角交叉

図2のように角の組み合わせ方が適切でない図がたくさん見られたので、2枚の板を使って角がどうなっているのか注目させました。

・ノコギリで切る線を引く

算数（4年生）で三角定規について学習していますが、線を引いているうちに動いてずれることがあるので、正確に垂直な線を引けるサシガネがあることを紹介し、使い方を説明しました。しかし、実際には全員がそのとおりに使っているわけではありませんでした。まだその必要を感じないからだと思われます。

③ **切る**

線のとおりに切るための固定方法を聞くと、手や足で押さえる方法が発表されました。そこで、それ以外に、木製のいすのはみ出し部分にひっかける、万力やクランプで固定する方法があることを、検定済教科書の資料のページを使って説明した後、実際に実物で演示しました。資料のページには、線のとおりに切り始めるために指や板を当てる方法等も詳しく載っているので役に立ちます。

④ **側面の板を打ち付ける**

クギを打つと、板からはみ出たり、木が割れたりします。そこで、ある程度時間が経過し、困難を感じ始めた頃を見計らって困ったことを聞き、その解決方法を子どもたちに聞きました。発表されなかった方法は、教師が紹介しています。必要感があればよく学ばれます。この教材では杉板を使ったので、木目に沿って傾きやすいことを説明し、キリで仮穴を開けると傾きにくく、割れにくいことを説明しました。

⑤ **ビー玉の転がるコースをつくる**

40本ほどのクギを打つことで、打つときの力の入れぐあい、角度、柄を持つ位置などが、しだいに身体でわかってくるようです。作業が進むにつれて打ち込むときの音が力強くなってくるのでわかります。経験的に効果的な方法を見いだし体得しているのだと思います。しかし、全員が効果的な方法に気づいているとは限らないので、作業の途中か最後に、お互いのやり方を紹介し合うとか、資料のページを参考にするようにさせています。そのことで無意識にやっていたことを自覚し、自分なりの言葉でまとめ定着させる機会となります。

⑥　遊んでみて改善を図る

つくる前には思いつかなかったけれども、できたものを使って初めて気づくことがあります。最初に考えていたものが完成することは、活動の終了ではなく、新たな学習の始まりであるとも言えます。子どもたちは新たに何かを付け加えるとかコースを変えるなど、さらに考え、つくり変える楽しさを味わっていました。

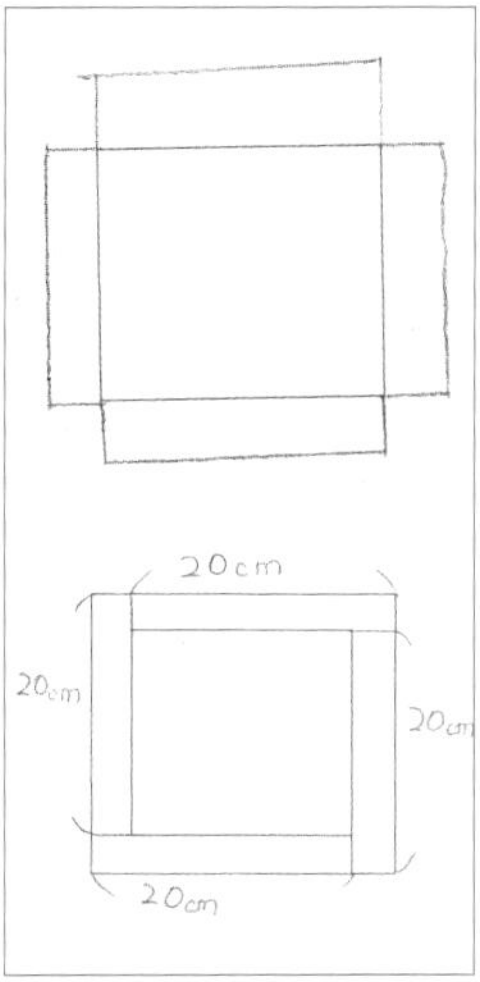

図３　Ａ君の図

⑦　つくったものを、上から見て図に描く

授業後に、板の組み合わせ方と板の厚みをより自覚できるように、つくったものを上から見た図を描かせました。図3は、A君の、製作前（上図）と製作1週間後（下図）のものです。クラス全体では、最初4隅を正しく描いていたのは45％で、1週間後は81％でした。

（3）子どもたちが学んだこと

つくりたいものが出来上がったことは、授業としては終わりですが、子どもにとっては、活動を通じてできるようになったことや初めて知ったことで新たな世界が開かれ、新たな世界の入り口に立つことだとも言えます。それを促す意味で、授業後「やってみたいこと、調べてみたいこと」を聞いています。子どもたちは書くことで、学んだことをより鮮明に意識したり、新たに気がついたりしています。

子どもたちは次のように書いていました。

（ア）くぎにはどんな種類があるのか？　くぎはしゅるいがなんこあるのか。
（イ）外国ののこぎりは切れ味がいいからくぎはけずれるか。（※外国の押して切るのこぎりを見せていた）
（ウ）ほかにどんな木のしゅるいがあるのか調べてみたいです。（※重い木、軽い木を持ち上げさせていた）
（エ）はこみたいなものを作りたい。
（オ）もっとほんかくてきなビー玉ころころが作ってみたいです。
（カ）くぎの打ち方やのこぎりの使い方が分かったので、小さい自分せん用のへやみたいなのを作ってみたいです。のこぎりやかなづちは私たちが使ったもの以外の種類があるのか調べてみたいです。
（キ）こんどやってみたいことは、くぎと木の板などを使って大きな小屋をつくってみることです。（大人でも3〜4人ぐらいがふつうに入れるぐらい大きいもの）

これらの文を読むと、調べてみたいことや、「できそうだ」「やってみたい」と思うことが新たにできていることがわかります。つまり、経験したことで、自分の手の届きそうなこと・やってみたいことが広がっていると言えます。

（カ）（キ）の「自分せん用のへや」とか「大きな小屋」は手の届かないもののように思えるかもしれませんが、山村の学校でビー玉ゲーム盤をつくった4年生の子どもたちが、学校の中で、ノコギリ、カナヅチなどを使って秘密の基地づくり（見えにくい場所にあるだけですが）に半年間休憩時間を使っ

秘密の基地作り

て、人数を増やしながら取り組んだ姿を見ているので、あながち実現不可能な、単なるやってみたいこととは言えないと思うのです。ものをつくることは、こうした材料、道具、製作物から自分なりの興味と関心を広げ、それぞれのやってみたいことを通じて周りの世界へ関わろうとする能動性を高める働きがあると言えます。

子どもたちが作ったビー玉ゲーム盤

ビー玉ゲーム盤で扱える木工作関係の知識・技能

＜(2) 取り組み①～⑤ p39～41 参照＞

作業工程	知識・技能の内容
①部材の長さを決める	●部材の組み合わせ方を考える。 ●板の厚さを考慮して長さを決める。
②垂直な線を引く	●サシガネ・スコヤがあることを知り、使い方がわかる。
③ノコギリで切る （ノコギリの構造）	●木材は繊維の束でできており、両刃ノコギリは、切る方向に合った構造になっている。 ●あさりは、ノコ刃の厚さより広く切り、ノコ刃が締め付けられにくい工夫である。
（使い方）	●日本のノコギリは引くときに切れる。 ●線のとおりに切る方法 ・切り始めは、指や当て木に押し当てて切る。 ・線の手前の上をノコ刃が通るようにひく。 ●ギーコ、ギーコとストロークを長く引く。 ●切り終わりは、手で支えると木が割れない。
④固定の方法	●いすの座る部分の張り出し部分、万力、クランプで固定する。
⑤クギを打つ	●机上で打ち込んで接合面に乗せて打つと打ちやすい。 ●クギが傾かない方法 ・少ししっかりするまで指で持っている。 ・キリで仮穴を開ける。
（クギを抜く）	●クギヌキ、クギシメの使い方を知る。

3 身近な土から粘土を取り出し、作品をつくって焼く（5年生）

（1）本教材の意義

これまで粘土は「立体に表す」領域の材料としてだけ使用されてきました。しかし、日本文教出版版の検定済教科書では平成23年度（2011）版から、生活で役に立つものを作る「工作」領域の材料として使用されています。

通常、粘土は購入していますが、身の周りの土から取り出すことができます。

子どもたちは、まさか運動場や庭の土から使える粘土を取り出せ、焼き物ができるとは思ってもみないことなので、半信半疑で取り組みます。それだけに身の周りの土から粘土が取り出せ、しかも、その粘土で焼き物ができることがわかるとたいへん驚き、周りの土を見る目が変わってきます。大地には、どのような土にも価値ある粘土が埋まっていると見えるようになります。そして、乳児用のミルクの空缶等で焼く経験をすると、焼き物は単に温度を上げれば焼けるし、家庭でもできると思うようになります。

（2）取り組み

① 話し合い活動「焼き物の原料はどうやってできるの」

焼き物の原料はどうやってできるのか聞くと、「粘土が埋まっているところから掘ってくる」「工場でつくられる」に整理できました。いずれにしても、焼き物に使う粘土は特別なもので、まさか足元の土でもできるとは思っていませんでした。そこで「石が小さくなったものが砂で、砂が小さくなったものが粘土であるから、どんな土の中にも粘土があるはずだ。だから、身近な土から粘土を取り出し、その粘土で何かつくって焼き物ができるか試してみよう」と呼びかけて活動をスタートさせました。

② 身近にある土から粘土を取り出す方法を考える

・子どもたちは目の細かいふるいを使うことを思いついたので、茶こしでふるい、手触りを確かめさせた後、乾燥させた市販の粘土と比べさせました。茶こしで選《え》り分けたものは、ざらざらしているものがあることに気づきました。

その後、顕微鏡で観察させると、茶こしでふるったものには大きな粒があるが、市販の乾燥した粘土にはないことがわかり、粘土は粒が小さいことを理解しました。

・6年生の理科の学習「大地（土地）の作りと変化」で行う実験ですが、細いガラスコップに土と水を入れ、かき混ぜると粒の大きなものから沈んでいきます。「濁った水の中には何があるのでしょう」と聞くと、「粒の小さなものがある」と答えました。それを確かめるため、泥水を1滴黒い紙の上に垂らし、その脇からティッシュペーパーで水分を吸収させて、顕微鏡で観察させました。その結果、小さな粒があることが確認され、子どもたちは粘土があることを納得できたと思います。

③ 身近にある土を持ってくる

身近にある土をレジ袋1杯、「自分で」探して持ってくるように言いました。自分で粘土の多そうな土を探し、大地に触って土を取る体験をしていないと、粘土が自分の足元の大地とつながったものと思いにくいし、自分なりのこだわりが生まれにくいからです。田、畑、山の土など、色の違う土が集まりました。

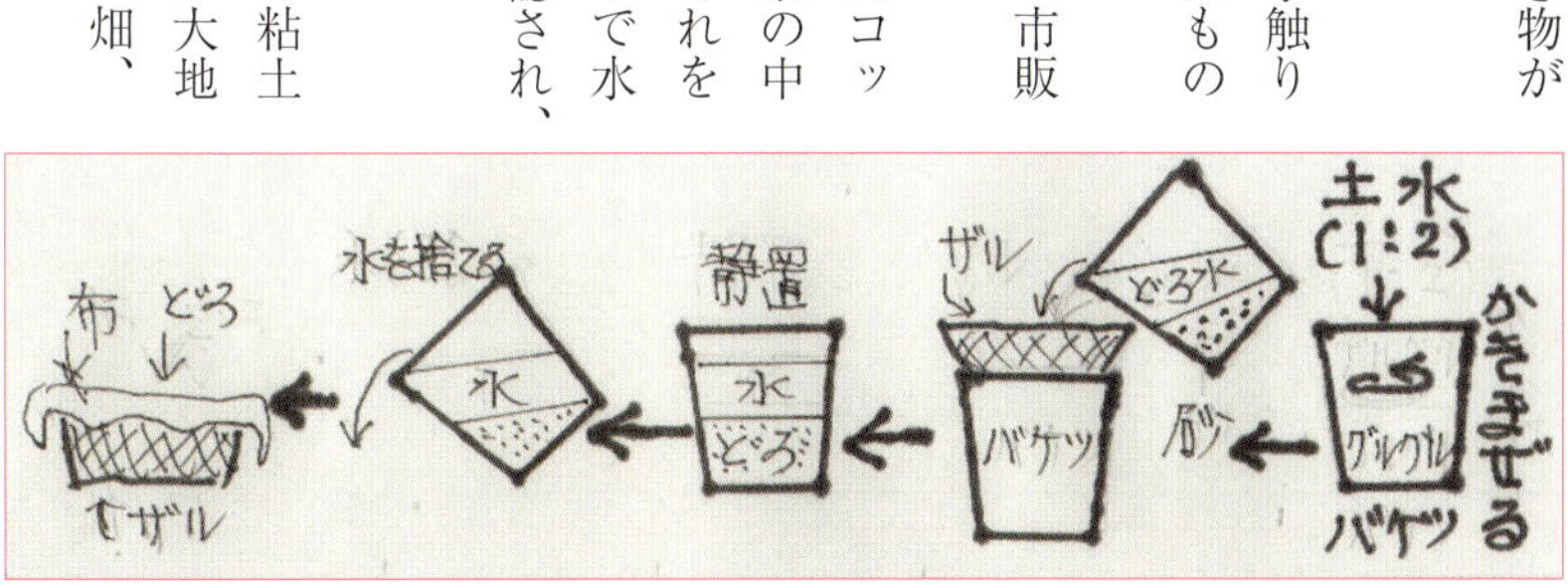

図4　粘土を取り出す

④　**土から粘土を取り出す**（図4参照）

・水を半分程度入れたバケツに土を入れ、かき混ぜます（土と水が1対2程度にすると砂が沈澱しやすい）。

・かき混ぜて2分程度で砂が下に沈むので、ザルを乗せたバケツに泥水だけ移します（ザルでゴミを取り除く）。

・静置すると泥と水が分離するので、上水を捨て、布を敷いたザルに泥を移し日陰で乾燥させます。

・耳たぶ程度の柔らかさまで乾燥したら、ビニル袋で保存します。

⑤　**土から取り出した粘土で器などがつくれるか試す**

・粘土を練り（細長く延ばし、両方から折りたたむ）、器などをつくります。

⑥　**焼いて水を入れても形が崩れないか試してみる**

・乳児用の粉ミルクの缶等、大きめの缶の底に、先のとがったカナヅチで直径1センチメートルほどの穴を10～15か所ほど開けます。

・カナヅチで木炭を大人の親指大に割ります。

・空き缶の下3分の1に大きめの木炭を詰めます（空気の通りが良い）。

・その上に製作物を置き、木炭で囲むように木炭を缶いっぱい詰めます。

・ガスコンロの火の上に1～2分置いて木炭に着火します。

・着火後、離した2枚のレンガ等の上に缶を置きます（下から空気が入る）。

・木炭が灰になるまで、そのままにしておく（3時間程度）と、素焼き状態に焼き上がります（炭全体が赤くなった頃に下から扇風機等で空気を送ると高温になり、木炭の灰が釉薬となるとともに焼き絞まる）。

・焼き上がったものを水に入れ、泥に戻らないか確かめさせます。

木炭の灰が釉薬に

⑦　何でも発表会

活動の過程で、疑問に思ったことや、知りたいと思ったことをメモさせ、実験したり本で調べたりしてわかったことを発表する会を持ちました。

「山土からは粘土がたくさん取れるが、ひびができやすい。田の土からは少ないが、ひびができにくい。混ぜたら割れにくい粘土ができるか」とか、「畑の土から取った粘土は黒っぽく、山土からの粘土は赤みを帯びて白っぽい。でも空缶で焼くとほとんど同じ色になる。それはなぜか」等全員の発表がありました。同じ色になる理由を、泥水を顕微鏡で見ると、畑の土から取り出した泥水の中にはゴミがあることから、それが燃えたからではないかと推理した発表がありました。焼くと粘土の中の有機質分が燃えるため、有機質が混じり込む前の状態になるという理解に至っています。

（3）子どもたちが学んだこと

活動後の感想文の中に次のものがありました。

（ア）わたしは、最初、ねん土は土から出てこないと思っていました。でも本当にねん土は土の中から出てきました。この日、わたしは、土があればあるほどねん土が取れることを知りました。

（イ）ねん土はどうやってできるのかや、身近にもあるということと、どこにでもねん土があるということがわかった。……でもふしぎなことが一つだけある。それは、外国の土でもねん土ができるのかを知りたいです。外国のねん土はどんな土でどのくらい固いのかな。それを知りたいです。

（ウ）こんなふつうの山土にねん土があるのかなと思っていました。どろ水をかきまぜただけで、一日おいていただけなのに、水とねん土がきれいに分かれていてとてもびっくりしました。焼きあげたものを見ていて最初はただの山土だったのに、今ではすてきなすずやペンダントになるんだと思いました。

これらの文から、身の周りの土から粘土が取り出せることに多くの子どもたちは驚いています。また、（ウ）の文にあるように、その身の周りから取り出した粘土は「単なる粘土」と多くの子どもが思っています。その粘土で焼き物ができるとわかって初めて、自分が身の周りの土から取り出した粘土が、焼き物になる価値ある粘土であると思えるようになるということがわかってきました。

運動場で、「この下にも粘土があるんだね」と言った子がいました。田や畑、山など、大地には価値あるものが埋まっているということが見えるようになっています。これは、人間生活に必要な全ての物が自然から生み出されているという見方を育てる一端を担うと考えます。

雨が降った後の濁った川の水を見て、「もったいない、粘土が流れて行っている」と言った子がいました。濁った川の水の色から粘土があると洞察できるようになっていることがわかります。

また、「学校帰りに、遠くに粘土がありそうな土があるように見え、その土で器をつくり、風呂のたき火で焼いてできた」と日記に書き、遠くにある土に粘土があるように見えたことから「目がよくなった」とも書いていました。経験から、ちょっとした特徴からでも見つけ出せるようになるのだと思います。

空缶で、木炭を使って家で焼いた子もいました。家庭でもできると思うようになっています。木炭で焼く経験をした子どもたちは、まき、ガス、灯油、電気など方法は違っても、高温にすれば焼けるという原理が理解できるようになっていると言えます。

4 1枚の板でつくる（6年生）

（1） 本教材の意義

図画工作科の検定済教科書を出版している2社のいずれにも、6年生では1枚の板を使って、自分がつくりたいものをつくる教材があります。子どもたちは自分が使う本立てなど、各自つくりたいものをつくります。この教材は、これまでの学年で学んだ木工作に関する基礎的・基本的な知識および技能を総合的に活用して製作するとともに、すでに学んだことを学び直す機会ともなり、自分の力試しの機会となっています。

（2） 取り組み

子どもたちがどのようなことを学び、学び直したのか、まず、設計図と完成品を比較して見てみましょう。製作するものは、家族から注文を受けたり、自分がつくりたいものを考えたりして、おおよその形（見取図は4年の算数で学習済み）と正面あるいは上から見た図を、家庭で、自分で描いてきていました。図5は女の子が描いた図と製作物です。図には、見取図として不自然な部分があるとか、底面の長さは、板の厚さが考慮されていないなどの不十分さがありました。作業の前に、図を元に、角の組み合わせ方と底面の長さを見直すよう話しました。出来上がったものを見ると、図と違って上の板がありません。1m（1人分）では長さが足らないので天板を省いていました。そのため左の板の支えがなくなり、図にはなかった背面に補強の棒を加えています。

この子は、板の厚みや接合部分の組み合わせ方を考慮すること、材料の長さに合わせて考えること、変形を止める方法などを学び、あるいは学び直していると考えられます。

17名のうち、ほぼ設計図どおりのものを作っていたのは4名で、全て底のある四角な箱を製作した子どもたちでした。他の13名のうち、4名が1mでは足らないことから、どこかを省くとか、いざつくろうとすると煩雑なことがわかり、変更するとかしています。9名が、出来上がったものが揺れることから補強を考えています。経験の少ない子どもにとって、図を描く段階では、つくりやすさとか丈夫な構造などを自覚的に考えることは難しいことのようです。

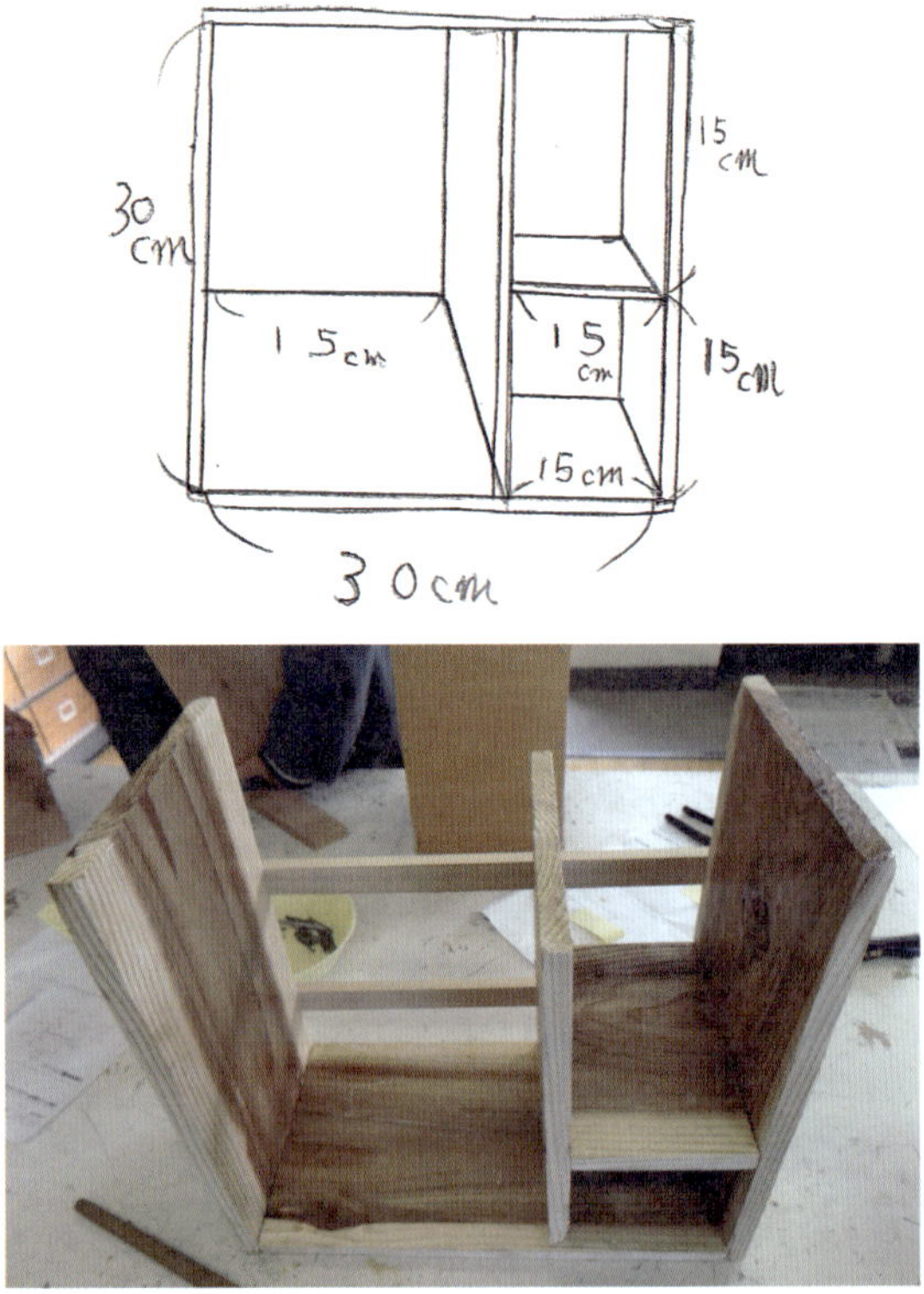

図５　製作前の図（上）と製作物（下）

どの製作物もクギを何か所も打たなければなりません。しかも、狭い幅のところに打つことが何度もあり、その中にはクギの先がはみ出る子どももいました。3年生の検定済教科書の資料のページにクギヌキが載っていて、ほぼこれで抜けるのですが、中には、先が見える程度しか出ていないので打ち戻すことができないで困っている子どもがいました。

そこで、子どもたちを集めて解決策を聞きました。キリを使って仮穴を開けて打つ方法を教えてくれた子どもがいました。まっすぐ打っていても木目に沿って板の外に出てしまうことがあることから、キリの有効性を再発見することになりました。

しかし、この事態はどうすれば解決できるのか、これまでの道具の使い方では抜けないのです。そこで、クギシメという道具があり、クギを深く打ち込むための道具ですが、これを使うとクギを打ち戻せることを知らせました。このように、この教材はこれまでの学習で得た知識や技能の活用の場であるとともに、新たに学んだり、学び直したりする機会となっていると言えます。

(3) 子どもたちが学んだこと

授業後に「できるようになったこと・わかったこと」を聞いた項目への、代表的な6名の回答を見てみましょう。

(ア) はみ出さずにくぎを打てるようになった。
(イ) 木の組み合わせにより、木の長さがちがうことが分かった。
(ウ) ずれないようにとグラグラさせない方法が分かった。
(エ) せっけいする時ミリメートルまで正確にはかるといいものになる。
(オ) 早くきれいに切れるようになった。ミリメートルまで正確にする。
(カ) 難しい作業でも「完成させるぞ!」という気持ちがあったらできることが分かりました。くぎの打ち方やのこぎりの切り方も前よりできるようになりました。完成した作品には作業している気持ちが伝わることが分かりました。

(ア)(オ)(カ)は、板からはみ出さずに打てるようになった、早くきれいに切れるようになったなど技能の高まりを自覚しています。まだ習熟とまではいかないものの、前よりも上達している自分を自覚し自尊感情を高めていると思われます。（イ）（エ）（オ）は、きちんと仕上げるには、板の厚さや組み合わせを考慮すること、ミリメートルまで正確に測ることの大切さに気づいています。

設計図を見ると、女子のほうが、棚や引き出しがあるとか、側面を三角形にするなど込み入った図を描いていました。（カ）の感想もそうした図を描いていた一人です。引き出しは諦めたもののほぼ最初の構想どおりのものをつくりあげていました（図６）。部材が多いだけにノコギリを使う回数が多く、しかも板を横ばかりではなく縦にも切る必要があり、さらに長さが正確でなかったら隙間ができてしまいます。そうしたさまざまな課題を一つ一つ乗り越えて完成させていました。「完成させるぞ！」という気持ちがなかったら完成まで至らなかったものと思われます。

図６（カ）の感想を書いた女子の図（上）と製作物（下）

「完成した作品には作業している気持ちが伝わる」という感想には「労働が価値を生む」に近い、この子なりの感じ方が見られます。きっと製作物の一か所一か所に自分が持っている知識と技能を最大限発揮したことから、愛着のわくものとなっているのではないかと思うのです。

5 できる、わかる、そして見えるようになる工作教育を―子どもたちの感想から見えてくること

教科書の教材で子どもたちが思ったことや考えたこと、気がついたことをそれぞれの教材ごとに見てきました。それを基に、工作を通して子どもたちは何を学んでいるのか、それは彼らにとってどのような意味があるのか、そして子どもたちの学びをさらに豊かにするには、我々大人はどのようなことに留意すればよいのかということを、「できる、わかる、見える」という観点で整理してみることにします。

(1) できる

① 道具が使えるようになること

「できる」は子どもの特性の「やってみたがり」に対応しています。

農村地域にある5校での授業の前に、子どもたちに聞いたところでは、平均すると約半数の子どもたちがカナヅチやノコギリを使ったことがないと答えています。使うことに不安を感じるかどうか聞いたところ、道具を使ったことがないと答えた子どもたちのほとんどが不安を感じると答えています。それだけに、道具が使えたというだけで大きな喜びを感じるのでしょう。子どもにとって「できる」とは、まず、道具が使えることであり、そして、次に、道具を使って何かをつくることができるということなのだと思います。したがって、道具を使ってみること自体を楽しむ段階に対応した、クギをたくさん打つことでできる遊び道具の製作は、この時期の子どもたちの実態とニーズに合致していると思われます。

ところで、なぜ「できる」ことが喜びとなるのでしょう。それは、新たになんらかのことができるようになったと

いう自分自身の変化の自覚と、自分の外の世界になんらかの変化が生じたのは他ならぬ自分自身が何かをしたからだという実感（効力感）があるからなのではないでしょうか。大げさな言い方ですが、自分の行為が原因となって世界が変わったことに、確かな手応えを感じることができるのです。さらに、まんざらでもない自分を感じることも喜びとなるのではないでしょうか。

工作に取り組んで「できる」ようになると、子どもたちは、「楽しかった」という味を占めます。そうすると、「できる」ようになったときに味わった楽しさをもっと味わってみたいと思い、その道具を使って関わる対象を広げていくのだと思います。その例が4年生のビー玉ゲーム盤をつくった子どもたちの感想にあった、部屋とか小屋をつくってみたいという願望だと思います。

このように、道具を使えるようになるとか、つくってみたいものをつくることが「できる」ようになるということは、技能が身につくことであるとともに、関わろうとする対象の発見と拡張であり、そして、自分の周りの世界へ関わろうとする気持ちの活性化でもあるとも言えるのではないでしょうか。

以上、「道具が使えるようになる」という意味での「できる」を見てきました。次に、つくりたいものをつくることが「できる」ようになることにとって、図を描くことの意義について考えてみたいと思います。

② つくりたいものがつくれるために——図を描くことの意義

6年生で1枚の板を使って家具などを作る際に出会う困難で多いのは、長さが適切でないことによるものです。検定済教科書では全体のイメージのスケッチを描くことは奨励されていますが、正面または上から見た図など、部材の組み合わせ方がわかる図を描くことは示されていません。図を描くことは目的のものをイメージするだけでなく、厚みのある材料を使って物をつくる際に、部材の長さに厚さを考慮できるとか、角の組み合わせ方を丈夫さの観点から考えられるようになるなど、使えるものをつくるうえでの知識を学ぶ機会となります。図7を描いた子どもには、角の組み合わせはどうするのか考えるように言いました。図8を描いた子どもには、9枚の板でつくることになっているが、板を切る回数を減らす方法はないか、棚板はどのような順番でクギを打つのか考えてみるように言いました。最終的には、棚板のない四角な箱に変更していました。経験がないと、作業の手順までは考えが及ばないのです。

図7

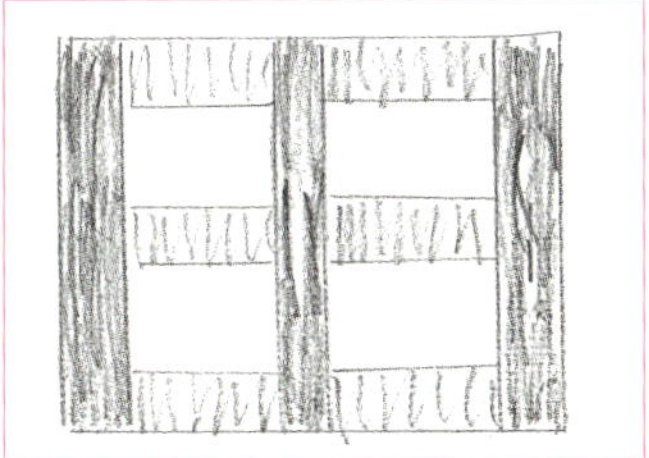

図8

図があると、図を基に作業の前に話すことで気づかせることができ、事前に困難を回避させることができます。ただし、木を切って組み立て始めてからでも間に合うことは、子ども自身が解決する楽しみとしてとっておく配慮も必要だと考えています。例えば、製作物に力が加わることによる変形に対する対策もそうしたものの一つです。

授業の最後に、初めに描いた図の横に、完成した製作物を見ながら、もう一度図を描くと、自分がつくることを通して考え、学んだことを整理し、経験を通した知識として着実に内面化することになると思います。

（2）わかる

①「なぜ」をいっしょに考える

「わかる」は、子どもの特性である「知りたがり」に対応しています。4年生頃から「なぜ」と聞く子どもが多くなってきます。単にできるだけでなく、なぜかが「わかる」ことを求めているのではないかと思われます。

4年生で両刃ノコギリの使い分けを説明する際、刃の観察をさせると構造の違いを見つけました。ビー玉ゲーム盤のところで触れたように、少し丁寧に説明をしましたが、興味深く聞いていました。「なぜ」そうなのかがわかることを求めているからではないかと思うのです。

工作活動の指導をする際、製作物が完成すること、つまりつくりたいものが「できる」こと、そしてものをつくる技能が身につき、「できる」ようになることで満足する傾向があります。しかし、特に4年生ぐらいからは、「なぜそうすることがよいのか」ということを、材料、道具、作り方に関わって理由がわかり、納得できることを子どもが求め始めていると思われます。

このような知的な欲求に応え、「なぜ」をいっしょに考えることは、道具を合理的に使うことできちんとしたものをつくるとともに、道具を使うことの楽しみを増すことにもつながります。例えば、ノコギリを初めて使う場合、押すときに力を入れる傾向が見られます。そのほうが動きとしては自然だからではないかと思います。しかし、日本のノコギリの刃の構造を見ると、引くときに切れていることがわかり、無駄な力を入れなくなることで技能も高まります。とはいうものの、子どもから「なぜ」と尋ねられないこともしばしばです。しかし、作業を見ているとうまくいかなくて苦労している場面があります。そのときは「なぜうまくいかないのだろう」と考えているはずです。そうした場面を捉えて子どもたちを集め、なぜうまくいかないのか、そのような場合みんなはどうやっているのか、その原因や解決方法をいっしょに考えることで、「わかる」ことにつなぐことができると思います。

授業の最後に、作業の過程で疑問に思ったことや、わかったこと、興味や関心を持ったことを、調べて発表する会を設けることを勧めます。授業後に感想文に書くだけでも、作業中に考えたことを振り返り、言葉にして整理することになりますが、各自が見つけたり考えたりしたことをさらに一歩進め、調べるなどして発表し、交流することで新たな学びの場を生み出すことができます。そして、友達の発表を聞くことで、興味や関心を広げる機会ともなります。

小学校学習指導要領総則において、体験的な学習を取り入れることが推奨されていることもあり、前の章で紹介したように図画工作科以外でも、ものを製作することが多く取り入れられています。その場合、道具の使い方は指導することはあっても、なぜそうした使い方が合理的なのかという「なぜ」にまで踏み込んで教えることは一般的にはされていません。子どもが抱く「なぜ」に応え、材料や道具の特性や構造を「わかって」使えるようにすることが図画工作科の重要な役割と言えます。

② 困ったときが学びのチャンス——おいしいところを子どもたちに

子どもたちは、製作の過程でしばしばうまくいかない事態に直面します。そのたびに、原因を考え、解決策を考えて、実際に試してみて、その解決策が有効だったかどうかを判断します。それでもうまくいかなかったら、また新たな解決策を考え……と、この繰り返しが製作の過程で数限りなく起こっています。この過程は総合的な学習の時間の目標に挙げられている「自ら課題を見付け、自ら学び、自ら考え、主体的に判断し、よりよく問題を解決する資質や能力を育成する」ということそのものです。工作活動は、外目には手や身体を使う活動であるように見えるかもしれませんが、その活動を進めている子どもの内面はフル回転しているわけです。しかもそれが、経験の少ない子どもの製作の過程では数えきれないほど起きています。このような過程があるからこそ、自分でやり遂げる手応えを感じ、自信や自尊感情を高めることになるのだと思います。

このように自分の持っている知識と技能を活用し、自分の意志で考え、試してみることは楽しいことです。この楽しみを数えきれないほど体験できるのが工作活動の良さであると言えます。しかし、プレカットされて組み立てるだけの教材キットは、こうした困った場面を回避できるように工夫されています。道具を使ったことのない子の増加、一クラスの人数の多さ、教師の多忙化などからやむを得ないとも言えますが、子どもたちに自分の全てを投入して考えさせ、試みる楽しさを味わわせ、実感を伴った手応えのある学びを保障するためには、プレカットされたものは極力控えたいものです。善意からではあっても、ものをつくる楽しさの、おいしいところを事前に食べてしまっているようなものだからです。

（3）見える

「できる」「わかる」は授業の中のことを中心に考えたのに対して、「見える」は、授業の後のことも考えた観点です。5年生の例で取り上げた、粘土の取り出しを経験すると、どんな土の中にも、濁った川の水の中にも価値ある粘土があると見えるようになったように、授業で何かつくる経験をすると、身の周りのものに対する、感じ方、見方、考え方、態度などが変わってきます。それは、特に意識して指導しなくても生まれる変化です。しかし、指導者が子どもたちに、より意識的に身の周りのものを感じたり、見たり、関わったりするようになってほしいと思って子どもたちの様子を見ていると、さまざまな働きかける場面が見つかります。全ての教科で言えることですが、図画工作科の授業においても学ぶことが「生活から入り、生活に出る」ものであることによって、学んだことが一人ひとりの子どもにとって生きて働くものとなります。

ところで、「見える」としたのは、「できる」「わかる」に並ぶシンプルな言い方にまとめようとしたことによります。そのため、「見える」にはいくつかの側面が含まれています。

①　気がつくようになる「見える」

クラフトバンドでかごを編む経験をした3年生の子どもが、何度も目にしているはずの、靴箱の上に置かれてあった3種類の編み方のかごや竹のザルが、先ほど自分がした編むやり方と同じやり方であることに気がつきました。かごを編んだことで編む原理がわかり、それまで気がつかなかったことに気がつく（見える）ようになったのです。なんらかの製作物をつくることで知った、材料・道具・製作物・つくり方と同じもの、似たもの、違ったものに目が留まり、「これは知っている」「同じつくり方だ」「こういうやり方があるのか」などに気がつき（見え）、意識的に見るように変わっていきます。例えば検定済教科書で言えば、日本文教出版版では、５年生で粘土で器類をつくる教材のページに、各地の焼き物が紹介されています。また、開隆堂版の場合、６年生の動くしくみの教材のページに、折り畳みいすや折り畳み傘が紹介されており、経験したことから、生活場面で見られる技術に気がつくように配慮されています。また、教師用指導書では、６年生の「織る・編む・組む」の教材の説明に、「生活の中で見られるものの技法・製法に興味をもつ子ども」とあり、ねらいとして挙げられています。

② 洞察できるようになる「見える」

陶磁器は何からどうやってできたのか、見ただけではわかりませんが、粘土を土から取り出し、それでつくったも

３種類の編み方のかご・ザル

のを焼くという経験をすると、砂粒よりもずっと小さい石の粒でできていることが洞察できるようになります。目では見えないものが洞察によって「見える」ようになるのです。また、製造過程も「見える」ようになります。紙や布でも同様のことが言えます。さらにそれをつくっている人の働いている姿も想像できるようになるでしょう。つくる経験から、さまざまなことが洞察の働きで目に浮かんで「見える」ようになります。

③　感じ方が変わって「見える」

粘土を取り出し焼き物をつくった後の感想文に、次のものがありました。「焼きあげたものを見ていて最初はただの山土だったのに、今ではすてきなすずやペンダントになるんだと思いました」。おそらくこの子は、その後、山土を「ただの山土」とは思わなくなっているのではないでしょうか。それまでは、「価値のあるもの」とか「自分にとって意味のあるもの」として意識して見てなかったものが、何かを製作することで、親しみのある、「カカワリのあるもの」と感じる（見える）ようになるのです。このようにして、自分の周りの世界の中に、一つ一つ自分にとって意味のあるもの、自分とカカワリのあるものとして感じ、注意を向ける対象を広げていくのだと思います。そのことは、自分の周りの世界に対する態度にも関わってきます。

④　積極的な態度や意欲で「見える」

道具が使えるようになるとか、使えるものをつくる経験をすると、それまでは欲しいものは買うほかないと思っていたものが、つくれるものと思って「見る」ようになるとか、つくれると思ってなかったものを「つくれそうだ」と思って「見る」ようにもなります。人類の課題として、限られた地球の資源を長く有効に使うため、使い捨て文化を見直さなければなりません。買わなくてもつくれる、直せば使える、つまり自分でできることを増やすことは、大量生産・大量消費を見直そうという考え方に理解を示す基礎を築くことになると思うのです。

（4）工作教育の未開拓の広野をともに

「できる、わかる、そして見えるようになる工作教育を」と題しながら、見えるに多くのスペースを割いたのは、今後、この側面に実践、研究の重点を移したいと考えたからです。工作に取り組むと、本節で見たようなさまざまな意味での「見える」に変化が生まれてきます。それは、その人らしい見方や考え方、そして態度や行動の仕方を変えます。言い換えるなら、その人なりの人格を形成しているとも言えます。

新たにつくりだされ、あるいは変化した「できる」「わかる」「見える」は、知的な側面とともにどう感じるか、何にこだわるのか等、情意的な側面が大きく関わっています。情意的な側面は、知的な側面以上に一人ひとり大きく異なっており、教えたことがどれだけ学ばれたかという視点で見ていたのではその実態は捉えきれません。教える主体である教師が教えたことを通して、学ぶ主体である子どもは何を感じ、何を学び、何に興味や関心を持つようになり、何をしたいと思うようになったのかという視点で一人ひとりを見て初めてわかってくることです。こうした視点で見ていると、子どもは実に有能で多様に学んでいる姿が見えてきます。また、その子どもなりのやり方の発見があり、驚かされることがいっぱいあり、それは見ていて実に楽しいものです。人に関わる教育がこれほど楽しいものかという思いをするようになったというのが私自身の体験です。

この楽しい仕事に、共に取り組んでいきませんか？　未開拓の広野が、目の前に広がっているのです。

図画工作科の工作領域等は
中学校の技術・家庭科の技術分野と接続する

図画工作科は、美術教育としての図画科（明治４年・1871 ～）と技術教育としての手工科（明治19年・1886 ～）が、戦後統合された教科で、昭和22年（1947）に出された学習指導要領（試案）では、小学校と中学校を合冊で、９年間を通して示されました。その後、昭和33年（1958）の中学校学習指導要領で、中学校には技術・家庭科が設けられ、それまで中学校の図画工作科にあった生産技術に関する内容が、技術・家庭科の技術分野に移行となりました。しかし、小学校は図画工作科のまま現在に至っています。

その後、平成20年（2008）発行の『小学校学習指導要領解説図画工作編』に「なお、工作に表す内容については、小学校図画工作科が中学校技術・家庭科の技術分野と関連する教科であることに配慮する必要がある」と記述され、また同年発行の『中学校学習指導要領解説技術・家庭科編』に「小学校における図画工作科などにおいて習得したものづくりに関する基礎的・基本的な知識及び技能を踏まえ、中学校での学習の見通しをもたせるよう配慮する」と記述され、図画工作科と技術・家庭科の技術分野とが接続していることが確認、強調されました。

この趣旨は、平成23年度（2011）から使用の図画工作科の検定済教科書に強く反映されました。

ものづくりに関する基礎的・基本的な知識および技能を身につけることは、より満足のいく作業と製作物を可能にし、つくることを楽しいと感じさせ、さらにものづくりに自ら関わろうとすることにもつながります。

第5章　ものづくりが子どもを変える

1　どのようなものづくりの授業をつくるのか

これまで見てきたように、私たちは、ものづくりで子どもが育つ場面に数多く出会ってきました。そこで見えてきたのは、私たち大人が、いくらものづくりが大切だとか、ものづくりで子どもが育つと言っても、肝心の子どもがものづくりの学びを受け止めてくれなければ、授業を進めることができないということです。これまで、多くの子どもはものをつくることが好きだとされてきましたが、そこに甘んじて、ものづくりの教育を展開するだけでは十分ではないと考えました。そこで、この章では、子どもの立場に立って、現在の小学校のものづくりの教育について考えてみたいと思います。これまで、ものづくり以外の活動では見ることができなかった子どもの思いや願いが、ものづくりによって見えてきます。私たちはものづくりによって、子どもとともに、学校を豊かで楽しい学びの場につくり変えることができると思っています。

いいものつくるぞ

2 ものづくりのおもしろさとすばらしさ

子どもは、ものづくりをおもしろいと思っているだけではありません。子どもたちは、ものづくりのすばらしさにも気がつくことができます。そのことは、技術そのものの学びだけではなく、技術の歴史の学びに出てきます。社会科で習う歴史は、大半が政治や社会の歴史です。ものづくりが社会を支えてきた歴史の事実については、あまり習ってきません。そのために、社会のしくみがどのようにつながって、どのように展開してきたのかという歴史のダイナミズムを見落としてしまうことがあります。

例えば、産業革命を技術の視点で見ていきましょう。産業革命に伴って、動力がこれまでの水車から蒸気機関に変わっていきます。その時、蒸気機関を動かす燃料として石炭が用いられます。さらに進むと、石炭よりも高温を出すことができるコークスが開発されます。しかし、石炭を掘っているのは人間です。しかも、地下の狭いトンネルの奥で石炭は採掘されていました。そのため、狭いところで働くことができる、身体の小さな子どもが労働力として使われていました。しかし、採掘作業は危険で健康に害を及ぼすことが問題となり、学校にも行かせず、文字も読めないようでは、大人になってから労働力として使えないことがわかってきました。そこで、子どもの労働は工場法によって規制されていき

がんばる！

ます。工場法では、労働力として使っていい最低年齢が示されます。こうして、最低年齢未満の子どもは、働くことから保護されて、学校に通って学ぶようになります。つまり、工場法の規定を見ると、子どものための義務教育の始まりが見えてくるのです。このように一見バラバラの物事を関連させて見るようになることは、大切な歴史認識につながります。歴史は暗記だと思っている子どもがいますが、そうした子どもに、歴史がものづくりとの関連でダイナミックに動いてきた事実を伝えると、とても驚きます。そして、歴史や社会に興味を持つようになっていきます。

　子どもたちは、本当は暗記なんてしたいと思っていません。物事のしくみや理由を知りたいと思っています。どの子も賢くなりたいと思っています。ところが、これまで学校が子どもにさせてきた「勉強」は、そうした子どもの思いに十分応えていませんでした。もともと「勉強」は「勉めて、強いる」という意味の言葉です。つまり、いやなことでもがんばってやり抜くことが期待されていることの表れなのです。子どもは「勉強」という名の下にあるがんばりよりも、学ぶことで自分自身や社会が豊かになっていくことを期待しています。こうした子どもの学びへの期待に応えていくのが、学校の本当の役割ではないでしょうか。ものをつくる授業は、「勉強」の世界から学校を豊かな学びの場へと転換する契機と捉えられ、世界の各国で小学校から必修科目として位置づけられるようになっています。

わくわくするなぁ

3 子どもが生きるものづくりの授業

では、ものづくりは学校教育において万能であるかというと、そうではありません。子どもは、何でもいいからものづくりをしてさえいれば喜ぶというものではありません。また、ものづくりをすれば、必ずクラスがまとまったり、学習意欲の低い子どもが意欲的に学び出したりするというわけではありません。ものづくりの授業の質が問われます。私たちがこれまで実践・研究してきたことから、ものづくりの授業には大切にすべき3つのことがあるということがわかりました。

① 子どもの遊び心をくすぐる提起を

第一は、子どもがもうちょっと頑張ろうと思えるものづくりです。できて当たり前のことができても、子どもはそれほどうれしくありません。最近では、つくったことがない・やったことがない新しいことを目の前にすると、挑戦する前にくじけてしまい、手を出さない・出せない子どもがいます。少し前ならば「これつくるよ」と見本を見せると「つくりたい」と意欲を見せてくれたのですが、最近では、やったことのないことには「終わった。オレできない」「私はいいや。どうせうまくいかないんだもの」というあきらめた反応を見せる子どもがいます。ものづくりの授業は、こうした子どもにこそ取り組んでほしいものです。そのためには、これからつくろうとするものの魅力を

飛んだ！

教師が十分に踏まえておく必要があります。まずは教師が自分でつくってみて、遊んでみることです。プリントや指導書に書いてあるとおりにつくるだけでなく、自分の目の前にいる子どもに合わせて見本を示すことが必要です。例えば、「○○をつくろう」と提示するのと、「できるだけ大きな○○をつくろう」と提示するのとでは、子どもの受け止め方が違います。さらに、「ギネスに挑戦！」というように、子どもの遊び心をくすぐるように提示の仕方を工夫すると、もっと楽しい授業ができます。

私は、2年生の生活科の授業で、こうしたやり方で栽培の学習に取り組みました。これは、通常の栽培のように一人一つの鉢植えで育てるのではなく、「できるだけ大きな二十日だいこんをそだてよう」という課題提示型の授業としました。初めに、子どもにスーパーで売っていた二十日大根を見せて「これより大きな二十日大根がつくれるだろうか」と尋ねます。「できる」「プロが育ててもあの大きさだから、無理だよ」といろいろな意見が出ます。でも、おもしろそうだからやってみようということになりました。「大きな二十日大根を育てるにはどうすればいいだろう」と聞いてみると、「土が大切」「太陽の光がいるよ」「栄養が必要」「毎日水をあげないと」と意見が出ました。そこで、まず土を探して取ってこようということになりました。土は学校の中ならどこから取ってもいいことにしました。あるチームは畑の土を持ってきました。「去年、さつまいも育てたよ」と昨年の経験を生かしていました。別のチームは砂場の砂を持ってきました。砂場の砂は「いつも遊んでいる。手ざわりがいい」と言います。また、「ら

回った！

くだ山の土がいい」と言って粘土を持ってきたチームもありました。粘土は水はけが悪く、水やりをしなくても、「いつでも水がたっぷりの状態にできる」と言っていました。学校林から腐葉土を取ってきたチームもありました。この子どもたちは「虫がいるのはいい土だからだよ」という主張をしました。ところがこれには「虫が二十日大根食べちゃうよ」という反論が出ました。じゃあ虫を取ればいいということになり、毎日、虫の駆除をしていました。

このように、教師がほんの少し、子どもの遊び心をくすぐったり、挑戦したくなるような提起をするだけで、ものづくりの学びは広がり、子どもの学習意欲を掘り起こすことができるのです。

② 子どもの学びを見る視点

第二は、現代を生きる子どもたちは、ものづくり経験がかなり少ないということをよく知ることです。私たちが「これくらいならできるだろう」ということでも、子どもはつまずいてしまうことがあります。そこで、ものづくりの工程を細かく分けて、丁寧に示す授業プリントを作ることをお薦めします。そして、プリントは一度作ったら使い回しをするのではなく、いろいろな人に使ってもらい、改善していくようにします。作ったプリントを他の先生に見せて「私もやりたい」と言われたら、「どうぞお使いください」とあげて、そのかわり「わかりにくいところ、子どもがつまずいたところを教えて下さい」と話をします。こうすれば、コミュニケーションが深まるとともに、よりよいプリントができて一石二鳥です。中には7回も書き直した先生

どうしよう？

もいます。丁寧なプリント作りは授業づくりの最善の友です。指導案もいいですが、プリントは直接子どもに配るので、反応や効果が見えやすいのです。プリント作りには時間をかけたいものです。

しかし、最終的には子ども自身が考え、学ぶようになってほしいと思います。子どもが自分で学ぶということは、プリントは作っても、できれば見ないようにして授業してみるようになるとよいのではないでしょうか。いつもはプリントに頼っていた子どもが自分自身で考え、自分自身で解決策を見いだし、ものをつくり出すことができるようになった時に、子どもの学びは本当の意味で子どものものとなるでしょう。そうはいっても、実際にはプリントがないと不安だという子どもがいます。そうした子どもにとって、プリントはお守りです。自分自身がうまくつくることができるように心の支えになればいいのではないでしょうか。そうなると、プリントは、事前に子どもの学びを想定したり、対応策を考えたりするために必要な、教師が子どもを見る視点の表れであり、教師のための授業案内になってきます。

③　子どもの関係性を築き上げる

第三は、つくったもので遊んだり、生活に役立てたりするということです。ものはつくっておしまいではなく、遊びや生活に役立ててこそ、その価値を発揮することができます。例えば、お盆をつくったら家で使ってもらって、家の人の感想をもらってくるようにします。おうちの人から評価をしてもらえると、子どもはとても喜びます。そして、自分自身が誰かの役に立ったという経験が子どもの成長とつながります。それは現代を生きる子どもにとって、とても大切なことだと思います。そうなることで、も

できたよ

のづくりの教育はその子どもの生き様に影響を与えるまでの深い学びを形成することができます。

現在、子どもたちの大きな問題の一つに、人間関係の問題があります。「今日の休み時間に誰と遊んでいましたか」という質問に答えられない子どもがおおぜいいます。誰かと遊ぶという対人関係が薄いということができます。また、自分は悪いことをしたという自覚はあるものの、謝らないという子どももいます。悪いことをしたという自分は見えても、それを相手がどのように受け止めているかという相手意識に立つことができないのです。常に、視点は自分が中心なのでトラブルが絶えません。こうした状況で、他の人から自分がつくったものを褒めてもらえるというのはかけがえのない体験となります。ものづくりは、授業でつくるものを大切にすることによって、子どもの関係性を育むことができます。

みんなで力を合わせて

ものづくりの授業をするときには、細かな注意がたくさんありますが、まずはこの3つに気をつけてみましょう。そうすれば、ただつくるだけのものづくりから、子どもが育つものづくりの授業へとジャンプすることができます。

さあ、明日からあなたも、ものづくりで子どもの育つ姿を見てみましょう。

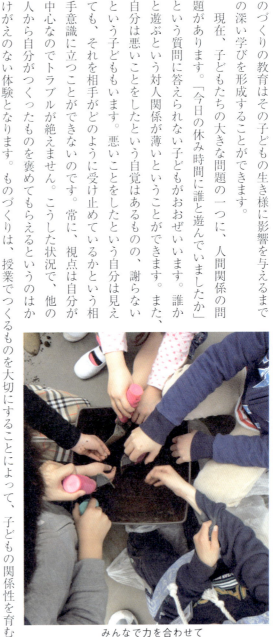

おわりに

　ここまで読んで下さったあなた、ありがとうございます。ものづくりっておもしろそうだな！　なんかやってみようかなという気分になったとすれば、早速材料をそろえてみましょう。書いてあることはわかるけど、ちょっと大変そうだな……というあなたのために、付録として、印刷すればすぐに使える教材「すいとりタコさん」を用意しました。まずは、それを画用紙または色画用紙にコピーして、明日の帰りの会で子どもたちに配ってつくってみましょう。すると、これまでに書いてあることがわかるようになると思います。

　このブックレットを編集した技術教育研究会は、日本の子どもたち・青年たちが社会に出て働く前に、ものづくりの学びを堪能し、技術や職業について学んでから、世の中で活躍することを願っています。そのため、小学校・中学校・高等学校の各段階でどのような学びが望まれるかを検討しています。

　手始めに、実際の小学校で子どもたちがどのようなものづくりを学び、どのように変化し、成長しているかをあるがままに見つめ、その中から「ものづくり教育の魅力」を見いだそうと考えました。まず、小学校の諸教科・活動における子どもの実際を紹介しました。

　今後私たちは、小学校編に続き、中学校の技術科を中心とした中学校編の編集に取りかかり、合わせて高等学校についても実践の掘り起こしを進めるつもりです。日本の学校教育においては、工作や技術の教育が普通教育の不可欠の構成要素であるという認識が弱いように見られます。国際的に共有されている認識に少しでも近づく契機となることを願っています。

私たちは、子どもたちがものづくりを通して、次の学びが得られると考えています。

ものづくりの教育が持つ10の魅力

(1)「すごい」自分に気がつく
(2)使いこなすことのおもしろさがわかる
(3)現実の世界が見える
(4)もの・技を介して人とつながる
(5)手を使うからわかる
(6)人の役に立てる自分に気がつく
(7)見通しをもって取り組む力が育つ
(8)技術がこの社会を変えてきたことがわかる
(9)学んだ知を生かして創造することができる
(10)ものに、働く人の姿が見える

すいとりタコさんを作ろう

①いちばん外がわのふとせんにそってきります。

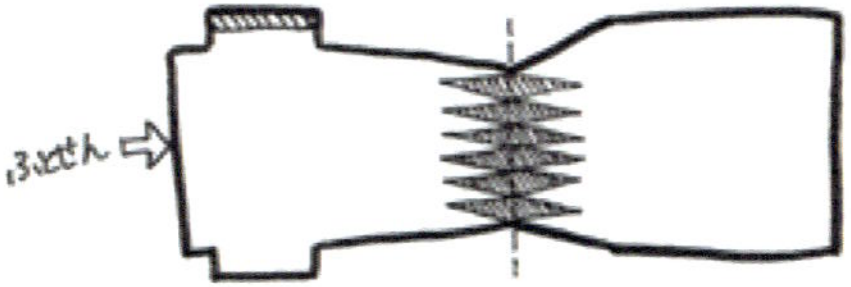

②てんせんを山おりにして、くろいところをきります。

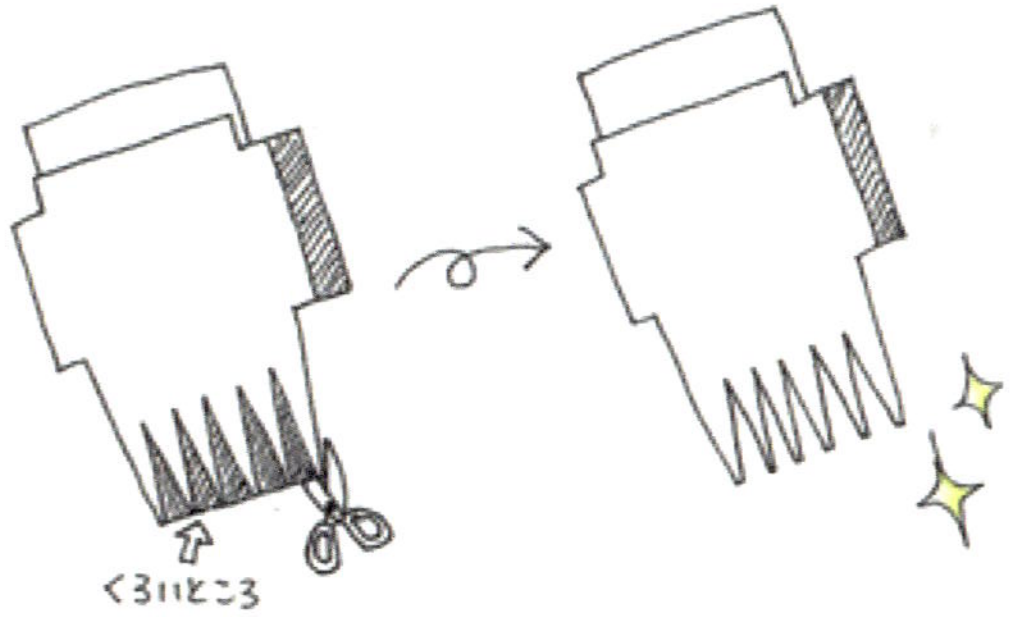

③タコさんのかおをかき、くるっとまいてのりづけします

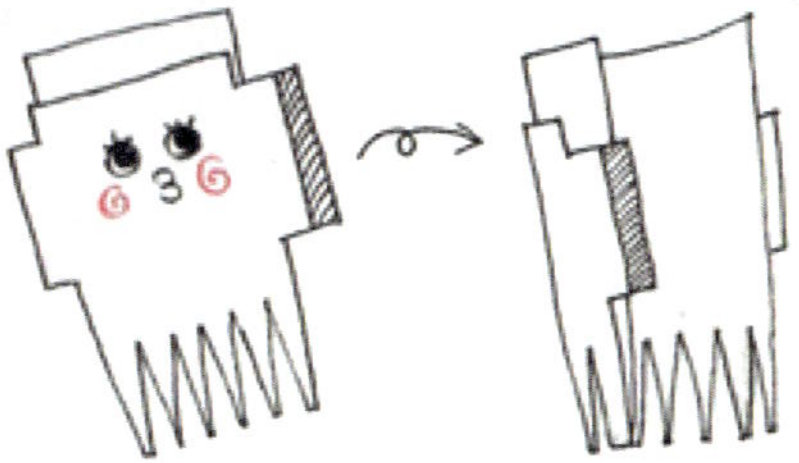

④うちがわのつつをおして、タコさんかんせい！

⑤うちがわのつつをつまんでひっぱると
タコさんのあしがうごいて小さなゴミを
すいとります

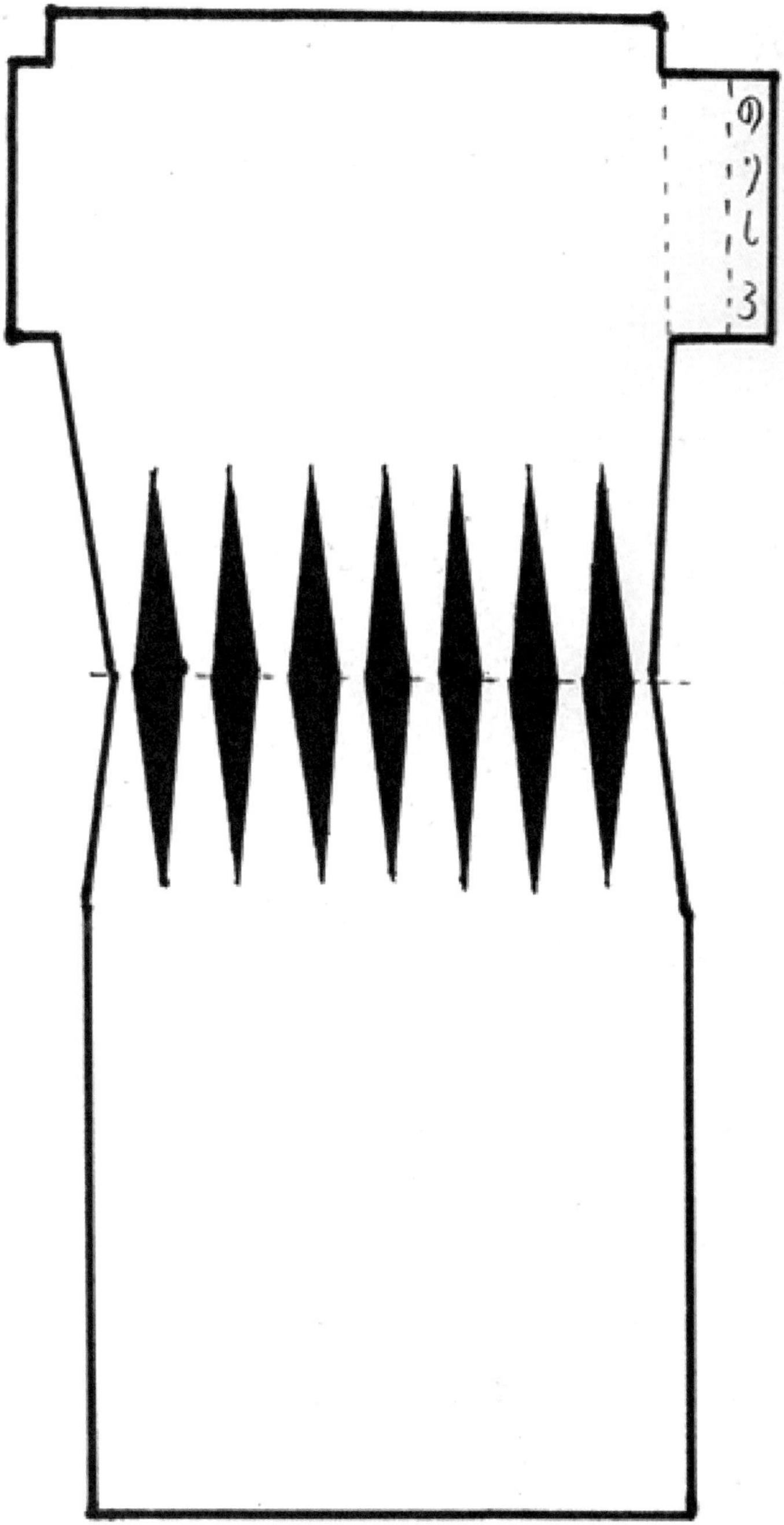
のりしろ

あとがき

本ブックレットは、先に述べた技術教育研究会の有志で構成したワーキング・グループが15回ほどの協議を重ねて、編集しました。毎回議事録を作成して、グループのメーリングリストに配信し、遠隔地のメンバーの意見も聴取しながらの作業でした。原案の執筆は、主に左記鈴木隆司氏と松本達郎氏です。いずれも、友誼団体である子どもの遊びと手の労働研究会で中心的に活動している方々です。その他のメンバーも多く同研究会に所属しています。ワーキング・グループの構成員は、執筆・編集者を含む以下のメンバーです。

執筆・編集者（掲載順）

柴沼俊輔（はじめに）（東京学芸大学非常勤講師、世話人）

鈴木隆司（第1章、第2章、第3章、第5章）（千葉大学教育学部教授・同附属小学校非常勤講師併任）

松本達郎（第4章）（元岡山県小学校校長）

長谷川雅康（おわりに）（前鹿児島大学教育学部教授、世話人代表）

ワーキング・グループ：平舘善明（大学、世話人）、川俣純（中学）、直江貞夫（中学）、坂田桂一（大学、世話人）、浅野陽樹（大学）、沼田和也（中学）、吉田喜一（高専）、内田徹（大学）、尾高進（大学）、丸山剛史（大学）、竹谷尚人（高校）、中山義人（中学）、横尾恒隆（大学）、田中喜美（大学）、幡野憲正（高校）、小嶋晃一（高校）、斎藤武雄（高校）、瀬川和義（高校）

一藝社の社長菊池公男氏をはじめ、編集部森幸一氏、永井佳乃氏方にはたいへんお世話になりました。記してお礼申し上げます。

小学校ものづくり10の魅力
ものづくりが子どもを変える

2016年5月20日　初版第1刷発行
2019年3月25日　初版第4刷発行

編　者　技術教育研究会
発行者　菊池 公男

発行所　株式会社 一藝社
〒160-0014 東京都新宿区内藤町 1-6
Tel. 03-5312-8890　Fax. 03-5312-8895
E-mail : info@ichigeisha.co.jp
HP : http://www.ichigeisha.co.jp
振替　東京 00180-5-350802
印刷・製本　亜細亜印刷株式会社

ISBN 978-4-86359-112-7 C3037